対決！　日本史3
維新から日清戦争篇

安部龍太郎　佐藤 優
Abe Ryutaro　Sato Masaru

潮新書
048

潮出版社

まえがき

安部龍太郎

ひとつの政治体制は70年から80年で崩れるようだ。人なら3代。親の世代が創建した事業は子、孫の代までは引き継がれるが、その後まで継続するのは至難の業《わざ》である。

たとえば1868（明治元）年の明治維新から1945（昭和20）年の敗戦まで77年、1917年のロシア革命から1991年のソビエト連邦の崩壊まで74年であることが、こうした現実を物語っている。

実は1945年の第2次世界大戦の終結で始まった戦後体制も、77年が過ぎて終焉《しゅうえん》の時期を迎えているのではないか。それを象徴《しょうちょう》しているのがコロナウイルスの世界的流行であり、ロシアによるウクライナ侵攻であると思えてならない。

両者の根本的な原因はいまだに明らかになっていないが、その結果だけははっきりとしている。前者は戦後一貫して拡大してきた世界の貿易や交流を寸断し、食糧や資源、原材料を海外からの供給に頼ることの危うさを露呈《ろてい》した。

後者は欧米諸国とロシア、中国などの陣営の対立を激化させ、国際連合の安全保障理事会が機能不全におちいる事態を招いている。

これにどう対処するかを考える時、ひとつの政治体制は80年ほどで崩壊する運命にあり、世界が今その時期にさしかかっているという認識を持つことはきわめて重要だと思われる。

コロナやウクライナの問題は偶発的ではなく、戦後体制が持つ矛盾や欠陥の結果として起こっている。そうとらえなければ、根本的な解決策を見出すことはできないからだ。

問題は他にも山積している。地球規模での人口爆発や環境破壊、異常気象による食糧や水の不足、先進諸国による富の独占と貧富の差の格大などだが、これを解決するには、これまで信じられてきた価値観や生き方をリセットし、人類が生き延びるための新たな方針を確立しなければならない。

そうして生まれる価値観はどういうものか。我々は何を目標に、どう生きるべきか。これまでの常識に縛られることなく、こうした問題に立ち向かう強靭《きょうじん》な意志と卓越した知性が求められる時代になったのである。

折しも佐藤優と進めてきた『対決！ 日本史』は第3巻を数え、日清・日露戦争の時代にさしかかった。当時の日本について語り合ううちに明らかになったのは、現代の状況ときわめて似通っていることだ。

「時代は100年以上も前に逆戻りしたのか」

対談の最中で、そんな感慨にとらわれることがしばしばだった。

世界はIT（情報技術）やAI（人工知能）による技術革新によって大いに進化したように見えるが、それは技術的な面だけである。敵意や我欲《エゴイズム》を制御できない人間の本性は、100年前と何ひとつ変わっていない。いや、技術が進化して核兵器や原発を生みだした分、戦争による災禍《さいか》は昔の何千倍にもなる危機に直面している。

「どうしたらこの状況を変えられるのか」

我々はこのシリーズでの第1巻以降、その答えを求めつづけている。二人の共通の目標は、従来の間違った常識や通説を排して時代の真実に迫ることだ。

ある時佐藤優が発した次の一言が、そのことを端的に物語っている。

「戦争になり社会の統制が強化されれば、真っ先に犠牲にされるのは真実です。それから庶民が犠牲にされます」

そのことは日清・日露戦争時の日本の社会状況を見れば明らかである。現代でもそうした状況と背中合わせであることは、ロシアによるウクライナ侵攻が始まって以来、ウクライナ支持一色に染まっている日本のマスコミ状況を見れば容易に察することができる。

こんな時に佐藤優と国際政治や外交について対談できることは、筆者にとって望外の幸せである。外務省の主任分析官であった彼の知見や洞察力は素晴らしく、生きた教材を提供してもらっている喜びがある。

退官した今も堪能《たんのう》なロシア語を駆使し、プーチン大統領やロシア政府高官の演説を翻訳してメールマガジンなどで発信しているし、その演説をどう読み解くべきかも的確に分析している。

日清・日露戦争についての解釈も、外交の第一線に身を置いてきた者らしい鋭さに満ちている。

たとえば本書の第2章「民権論と国権論の衝突」では、日清戦争前夜の日本人が国権論によってナショナリズムにからめとられていったと明確に論じているし、第5章「公共事業としての戦争」においては、帝国主義とは政府が国民の命を金に換算して使い捨てにすることだと喝破《かっぱ》している。

感心するのは彼が常に庶民の側に寄り添い、人間がまっとうに生きるにはどうすればいいか、人類の未来はどうあるべきかと考えつづけていることだ。

この点については筆者もまったく同感で、歴史小説家として培《つちか》ってきた知見や認識を、対談の中で遠慮なくぶつけている。すると思いがけない答えが返ってきて、話は予想もしていなかった方向へ展開していく。

まるでお互いが触媒《しょくばい》となって化学反応を起こしたような活性化が、期せずして歴史の真実をさぐり当てることにつながっていく。

本書においてもそうした場面が何度もあった。読者諸賢にもそうした妙味《みょうみ》に触れていただき、発想の幅を広げるきっかけにしてもらえれば、これにすぐる歓《よろこ》びはない。

対決！ 日本史3
維新から日清戦争篇

目次

第4章　甲午農民戦争と日清戦争　115

第5章 公共事業としての戦争 145

序章　日清・日露戦争とウクライナ戦争

ウクライナ戦争が勃発した。
世界は再び戦争の世紀となったのか。
一方で日本は２種類の平和ボケに
冒されているという。
いま日清・日露戦争を振り返る意味を問う。

■２０２２年２月　ウクライナ戦争勃発

安部―これまで佐藤さんと一緒に、歴史をめぐる対談『対決！日本史』シリーズを２冊発刊してきました（「戦国から鎖国篇」「幕末から維新篇」）。読者からの熱い要望を受けて、第３弾を発刊します。今回は「維新から日清《にっしん》戦争篇」です。また、２０２３年初頭には第４弾を「日露《にちろ》戦争篇」と題して刊行予定です。19世紀末から20世紀初頭にかけての戦乱の時代についておおいに語り合いましょう。

　１８９４～95年の日清戦争で、日本は清《しん》に勝利しました。それからわずか10年後の１９０４～05年、日露戦争を仕掛けた日本はロシアにも勝利します。

佐藤―日清戦争以降の日本は、太平洋戦争で敗北するまで10年に１回、戦争する好戦国家になってしまいました。現下の日本は、どうもあのときと雰囲気が似通ってきたと私は危惧《きぐ》しているのです。

安部―２０２２年２月24日にロシアがウクライナに侵攻すると、「プーチン憎し」「ウクライナとゼレンスキー大統領を応援しよう」という世論が沸騰《ふっとう》しました。マスメディアの報道を見ていると、そこに異論を狭めるような雰囲気はまったくありません。ちょっとでも「この人はロシア側に肩入れするのか」と見られれば、猛烈にバッシングされてしまう異様な状況です。

佐藤—総合雑誌の中で「がんばれウクライナ！　徹底的に戦うのだ！」という方向の記事を一切載せなかったのは、『潮』と『第三文明』だけです。『潮』と『第三文明』のどちらか一方が抑制的で冷静な論調だったわけではなく、『潮』も『第三文明』も両方がそういう方向の記事を出さなかった。どういうことかというと、両誌の母体である創価学会の価値観がすごく影響しているのです。

安部—佐藤さんがおっしゃるとおり、ウクライナ戦争についてのマスメディアの扱い方は、『潮』や『第三文明』という例外を除いて、ほぼ完全に横並びでした。日清戦争直前、「もう出兵しかない」という世論に一様に固まっていった状況といっしょです。

佐藤—戦争の問題に関して、純粋に客観的な立場とか中立的な立場はないと私は思うのです。「ロシアはフェイク（偽《にせ》）ニュースばかりを流して世論を攪乱《かくらん》している」と言いますが、ウクライナがフェイクニュースを一つも流していない保証は何ひとつありません。戦争という非常事態において、ウクライナも少しでも戦況を有利にするためにフェイクニュースを流したとしてもまったくおかしくないのです。

安部―ウソをついていると非難し、戦争の当事者である片一方に肩入れすれば、自分の目を閉ざしてしまうようなことになりかねません。

佐藤―同感です。とにもかくにも、一日も早く停戦合意を導き出さなければなりません。戦争を阻止《そし》するために何ができるのか。日本も世界も頭を冷やして「まずは戦争を止める」という方向で考えるべきです。

■戦争の世紀の到来　2種類の平和ボケ

佐藤―最近、日本に2種類の平和ボケが蔓延《まんえん》していると感じます。一つは「日本国憲法の前文と憲法9条があるから、何もしなくても日本は大丈夫だ」という平和ボケです。こういう平和ボケの人々は「防衛力の整備なんて認めない」と自衛隊に敵意を抱いてきました。

安部―「防衛力を整備・強化する必要なんてない。日本は世界一平和な国だ」と胸を張っていたら、ロシアが隣国に全面戦争を仕掛けてしまった。北方領土を隔ててロシアと国境を接しているわけですから、日本にとっても他人事《ひとごと》ではありません。佐藤さんがおっしゃる平和ボケは、見事に音を立てて崩れました。

佐藤―もう一つの平和ボケは「ウクライナ人は最後の一人になっても勇敢にロシア軍と戦

え」と煽《あお》り立《た》てながら「日本はウクライナのような目に遭《あ》わないように、ハリネズミのように重武装するべきだ」「アメリカとニュークリア・シェアリング（核共有）して、GDP（国内総生産）の2％まで防衛費を増やせ」と叫ぶ物言いです。

実際の戦争でどのように町と人間が焼け焦げ、民衆がどういう姿で苦しむのか。戦争の現実に目がゆかず、ゲーム感覚で戦争を論じる。これがもう一つの深刻な平和ボケです。

10年ごとに戦争をしていた時代の日本は、どういう姿だったのか。当時の民衆にとって、戦争は何をもたらしたのか。2種類の平和ボケが広がる今、日清・日露戦争を今一度振り返っておくことには大きな意味があるはずです。

安部――まったくおっしゃるとおりです。日清・日露戦争は、明治維新（1868〈明治元〉年）の理念とそのまま結びついています。明治維新によって打ち立てられた近代日本の基本的な方針が、必然的に日清・日露戦争を生みました。その流れが途切れぬまま、日本は太平洋戦争と敗戦まで一直線に突き進んでしまったのです。

■ウクライナ戦争と日清戦争の近似点

安部――「アジア太平洋に大東亜共栄圏を築く」という壮大な妄想《もうそう》に取り憑《つ》かれた日本は、泥沼の殲滅《せんめつ》戦に突入して1945年に敗戦しました。GHQ（連合軍最高司令官総司令部）占領下で戦後の再構築を迫られ、日本は80年近くにわたってアメリカ従属下で平和を保っています。ウクライナ戦争をきっかけとして、戦後に構築してきたその体制が今まさに崩れようとしているのです。

これから日本は、ロシアとどう対峙《たいじ》していけばいいのでしょう。外交・安全保障政策の再考を迫られる要因は、ロシア一国だけではありません。BRICs《ブリックス》（ブラジル、ロシア、インド、中国）をはじめとして、親ロシア派の国は世界中にたくさんあります。それらの国とどう対峙するかが、喫緊《きっきん》の課題として日本に突きつけられているのです。

日清戦争を開戦する前の明治初期の日本は、政党政治だの自由民権運動だのと叫びながら、近代国家を作り上げようと努力してきました。ところがいったん外圧という形で日本に危機が迫ると、全員「右にならえ」で「戦うぞ」という態勢に切り替わってしまいます。政治家も民衆も思考停止し、「外敵に打ち勝つのだ」と言って日清戦争や日露戦争を熱狂的に支持していきました。

佐藤――ウクライナ戦争を扱う報道と世論を見ていると、まるで日清・日露戦争の再来のようです。

２０２２年2月まで、ウクライナとウルグアイの区別がつかない日本人もかなりいたはずです。１９８６年から94年にかけて、「ウルグアイ・ラウンド」という貿易交渉のニュースが連日マスメディアを賑《にぎ》わせました。「ウクライナ」と聞いて「アルゼンチンの隣にある南米の国だな」と勘違いした人は意外と多かったはずです。

安部―ロシアのことはよく話題にのぼっても、ニュースでウクライナが取り上げられることなんてほとんどありませんでしたからね。

佐藤―それが開戦から1週間も経《た》たないうちに、またたく間に日本全体が「親ウクライナ」一色に染まってしまいました。ゼレンスキー大統領は正義のヒーロー扱いです。

■メディア報道を一気に塗り替えた安倍晋三元首相の銃撃事件

佐藤―ウクライナ戦争について、メディアの報道の仕方はいびつでした。「ロシア軍をキーウ（キエフ）から追い出した」とか「ウクライナ軍が優勢だ」というときには、ウクライナ寄りのニュースが毎日バンバン流されたものです。「どうもロシア軍がウクライナのあちこちを制圧しているらしい。ウクライナにとって調子が良《よ》くないぞ」という雰囲気になってきたとたん、ウクライナ戦争に関するニュースが減っていきました。

安部　まるで「不都合な真実」に目を向けたくないかのようでした。ウクライナ軍の兵士が、手持ちのロケットランチャーを使ってロシア軍の戦車を次々と破壊している。こういうニュースは嬉々《きき》として報じるのに、ウクライナ軍が押されて敗走しているというニュースには口をつぐむ。このような報道の仕方では、今戦争の現場で起きている現実を見誤ってしまいます。

佐藤　参議院選挙2日前の2022年7月8日、安倍晋三《あべしんぞう》元首相が奈良で銃撃殺害されました。あの事件を境目として、ウクライナに関するニュースは、テレビでも新聞でもほとんど流れなくなったものです。銃撃犯の山上徹也《やまがみてつや》容疑者と旧統一教会（現在の世界平和統一家庭連合）についての洪水のような報道によって、ウクライナ戦争のニュースは上書きされてしまいました。

ところが戦争の状態は、ますます悪くなっています。日本人の目に見えているウクライナ戦争の姿と、戦争の実態との間で深刻な乖離《かいり》がある。この現状は危険です。

■食料安全保障の危機　ラーメン1杯1000円時代の到来

佐藤　2022年7月8日以来、日本のニュース報道は安倍晋三元首相銃撃事件と旧統一教会叩《たた》き一色になりました。

安部―ウクライナ戦争に関するニュースは、二番手どころか三番手、四番手に後退してしまいました。

佐藤―近未来に、ウクライナ戦争がもう一度日本でも大きな話題になる時期がやってくるかもしれません。日本の麦価《ばくか》（麦の値段）は、国が外国から買い上げる単価によって決まります。農林水産省が買い付ける輸入小麦の価格は、半年ごとに改定されるのです。

21年10月期の麦価は1トン当たり6万1820円、22年4月期は1トン7万2530円まで一気に吊《つ》り上《あ》がりました。前期より17・3％も高くなっています。

安部―原材料の仕入れ値がいきなり2割近くも上がったのですか。道理で小麦を使った食料品の値段が急に値上がりしたり、パン屋で売っているクロワッサンが一回り小さくなったわけです。

佐藤―政府が17・3％値上げを発表したのは、22年3月9日のことでした（農林水産省「政府売渡価格の改定内容」）。農水省のプレスリリース（「輸入小麦の政府売渡価格の改定について」）には、17・3％値上げの理由が三つ書いてあります。

〈（1）昨年夏の高温・乾燥による米国、カナダ産小麦の不作の影響が大きく、9月以降も小麦の国際価格が高水準で推移したこと、（2）米国、カナダ、豪州の日本向け産地における品質低下等により、日本が求める高品質小麦の調達価格帯が上昇したこと、（3）ロシアの輸出規制、ウクライナ情勢等の供給懸念《けねん》も、小麦の国際価格の上昇につながった〉（農林水産省のウェブサイトより）

ロシアがウクライナに侵攻したのは2月24日ですから、17・3％値上げが決まったのは開戦前です。戦争が始まる前から、小麦は世界的に非常に不足している状況でした。

安部——22年10月期の小麦の値段がどこまで上がるか、外食業界で仕事をする人たちは戦々恐々としていたはずです。22年8月13日、10月期の価格改定では値上がり措置を取らず、小麦の値段を据え置きにするという報道が流れました。

佐藤——ここからさらに2割も麦価が上がれば、パン屋さんもラーメン屋さんもコンビニもスーパーも大変な状態になったと思います。小麦の値段を据え置くという岸田文雄《きしだふみお》首相の政治決断は正しかったと思います。とはいえ、まだ安心できません。ウクライナ戦争が早期に停戦合意に至らなければ、輸入小麦の不足状況は解消されず、半年後、1年後に大規模に値上げされる可能性があります。

あんパンが250円、カップラーメンが300円、ラーメンが1杯1000円になって初めて、日本人は「この戦争は何事だ」とあわてふためくのではないでしょうか。

■ イタリア・ベルルスコーニ元首相の鋭い指摘

安部―冒頭で佐藤さんが、日本の平和ボケについて指摘されました。「アメリカの核の傘の下にいれば安全だ。しかも我々は憲法9条をもっているから、なお安全ではないか」。こういう言説は、そもそも根源的な矛盾をはらんでいます。核兵器による核抑止力を肯定することは、平和憲法の精神とはまるで嚙《か》み合《あ》いません。両者に矛盾がある事実をゴマかし、臭いものにフタをしながら日本は核の傘を受け入れてきました。

佐藤―相手が武力を振りかざしてきたとき、武力で対抗しようという発想がそもそも間違っています。もちろん国民の生命と安全を守るための防衛力は必要ですが、根底において重要なのは、憲法9条に流れる平和主義の価値観です。

それから「今やほとんど無力だ」と揶揄《やゆ》されてはいますが、国際連合の価値観を再確認しなければいけません。紛争が発生したときには、国際的な枠組みを通じて話し合いによって解決していく、国連の対話路線が重要です。もちろんロシアが既存の国際秩序を一方的に破っていることは間違いありませんし、大問題だと私も思います。他方でロシアにはロシアなりの理屈があることも事実です。

こういうことを言うと「佐藤は盗《ぬす》っ人《と》の理屈を聞くのか」と感情的に反発する人もいるでしょう。でも戦争当事者の片一方の理屈に耳を傾けるだけでは、いつまで経っても戦争は終わりません。

安部―国連なり第三国が調停役を買って出て、戦争を仕掛けたロシアの言い分にも耳を傾ける。こういう取り組みがどこにもなければ、戦争は終わりません。

佐藤―イタリアのベルルスコーニ元首相は「この戦争でロシアは西側諸国から孤立した。と同時に、西側諸国は残りの全世界から孤立したのだ」と鋭い指摘をしています。

先ほど安部さんがおっしゃったとおり、世界経済を牽引《けんいん》するＢＲＩＣｓの４カ国は決してウクライナ寄りではありません。２０２２年７月、インドネシアのバリ島で開かれたＧ20（世界主要20カ国・地域）外相会合では、ロシアは孤立しませんでした。Ｇ20の中で疎外感を味わったのは、むしろ日本やアメリカ、イギリスです。日本で見えている「世界の主流派」と、現実の主流派の姿はだいぶ異なります。

ベルルスコーニは、「そもそも西側とはどういう意味か。アメリカ、ヨーロッパ、オーストラリア、そして太平洋におけるアメリカとの関係が深い一部の島国だけじゃないか」と言っています。

ベルルスコーニの言い分は一理あります。一口に「西側諸国」と言っても、アメリカ、カナダ、EU（ヨーロッパ連合）諸国、オーストラリア、ニュージーランド、日本、韓国、シンガポール、台湾しか思い当たりません。ほかの国々は、ウクライナ戦争についてロシア側に立つか、あるいは中立的な立場です。世界のありようは、日本で見えている姿とはかなり異なります。

安部― そうした実態を政治家がちゃんと民衆に伝えなければいけませんし、それはマスメディアに課せられた重要な仕事でもあります。

■太平洋戦争に抵抗しなかった宗教者

佐藤― 2022年7月に出版された『仏教の大東亜戦争』（文春新書）というおもしろい本を読みました。もともと日経BPで編集者を務め、その後、浄土宗の僧侶に転身した鵜《う》飼《かい》秀徳《ひでのり》さんの著作です。この本を読むと、各宗教団体がどの程度、積極的に戦争に協力していたかがわかります。本書の中で、植木《うえき》徹誠《てつじょう》という宗教者の反戦運動が紹介されていました。彼の息子は植木等《ひとし》です。

安部―「ニッポン無責任野郎」で一斉を風靡《ふうび》した、あの植木等ですか。

佐藤―そうです。植木徹誠は、日清戦争開戦翌年の1895年に生まれました。彼の経歴は変わっていまして、キリスト教の洗礼を受けた後、社会活動家になり治安維持法[*1]に反対します。特高警察[*2]に逮捕されて投獄までされ、出所してから出家して真宗大谷派[*3]の僧侶になりました。

〈「戦争は集団殺人だ」「人に当たらないように鉄砲を撃て」などと出征兵士を諭《さと》していたため、出所してもすぐに特高警察に連行されるということを繰り返していた。小学生だった植木等の日課は、登校前に留置されている父に弁当を届けることだった〉（『仏教の大東亜戦争』）

安部―それは知りませんでした。意外な事実ですね。

佐藤―息子が「スーダラ節」で大ブレイクすると「『スーダラ節』の文句〈分っちゃいるけど

やめられねえ）は真理を突いているぞ。あの歌詞には、親鸞《しんらん》の教えに通じるものがある」（同）なんて語ったそうです。

反戦運動で何度も逮捕されながらも、特高警察の弾圧に屈せず信義を貫き通した。戦時中に植木徹誠のような気骨ある宗教者もいたのです。でもキリスト教の主流派なんて、ほとんどが戦争協力でした。

■戦争協力に邁進した浄土真宗

安部―植木徹誠は真宗大谷派の僧侶になったそうですが、浄土真宗は相当積極的に戦争協力しました。

佐藤―そうなんですよね。

安部―ある時期から「阿弥陀《あみだ》様と天皇は同じなのだ」という理屈を教務会議で決定するのです。「天皇陛下がおっしゃることは、阿弥陀様が言うのと同じだから従え」という理屈を立てました。

戦国時代の浄土真宗は、一向一揆《いっこういっき》のときに「進者往生極楽　退者無間地獄」（進めば浄土、退けば地獄だ）と旗を立てて武力闘争を煽ったものです。

佐藤―仏教であろうがキリスト教であろうが、本来は「殺生《せっしょう》はするな。平和を目指そう」という方向性の人たちであるはずです。その宗教者が先頭になって、人殺しの論理を立てていってしまう。多くの信徒を導く宗教者が、正常な判断を下せなくなるのも戦争の怖さです。

２０２２年５月、アゾフ連隊[*4]で戦う兵士の妻たちとローマ教皇が、バチカンで面会しました。ローマ教皇は言葉の使い方を選んではいましたが、ウクライナ戦争の最前線で戦う兵士の家族を激励した時点で、これは完全にウクライナ支持の立場です。ロシア正教会トップのキリル総主教に至っては、ロシア軍にあからさまに祝福を与えました。国家と国家の戦争でありながら、宗教戦争の様相も加わってきているのです。

聖書では「平和を実現する人々は、幸いである、その人たちは神の子と呼ばれる」（新約聖書「マタイによる福音書」5章9節）と言っているのに、今のキリスト教の実態はどうなのか。一人のキリスト教徒として、強い憤《いきどお》りを覚えます。

安部―それにしても21世紀の今、ロシアが大規模な侵略戦争を引き起こすとは想像もしませんでした。

佐藤―日本の為政者も民衆も、この戦争を「海の向こうで起きている対岸の火事」とは受け止めていません。我々の心が、今かなり戦争に近寄ってきている現実を深刻にとらえるべきです。

安部―戦後の平和教育が無力と化してしまったことに愕然《がくぜん》とします。戦争の真《ま》っ只中《ただなか》だった日清・日露戦争の当時、日本人はどう振る舞ったのか。大日本帝国はどういう方向へ舵《かじ》を切ったのか。この歴史を学ぶことは、ウクライナ戦争下で日本が採るべき対処法を探ることに直結します。

佐藤―同感です。現下の戦争、近未来の戦争を食い止める智恵《ちえ》を汲《く》み出《だ》すため、これから2人でおおいに語り合いましょう。

第1章 インフレからデフレへ

「松方財政」の光と影

西南戦争後にインフレ状態だった日本。
松方正義による財政政策によって、
日本は瞬く間にデフレとなった。
松方財政の目的とは何か。
民衆に何をもたらしたのか。

■西南戦争によって勃発したインフレ

安部―明治期になされた「松方財政」を振り返ることは、日本政治と日本経済の今を考えるうえでもとても有益です。第1章では「松方財政」の功罪について語り合いましょう。

佐藤―賛成です。

安部―1877（明治10）年に西南戦争[*1]が勃発《ぼっぱつ》すると、巨額の戦費を調達するために明治政府が「不換《ふかん》紙幣」を刷りまくります。この措置のせいで、日本にインフレーション[*2]が蔓延《まんえん》しました。

佐藤―金本位制[*3]や銀本位制が成立していた時代は、紙幣を金や銀（本位貨幣）に兌換《だかん》（交換）することが可能でした。金や銀の価値はやたらと乱高下しませんし、貴金属に裏打ちされた兌換紙幣の価値は安定を保つものです。

戦争が勃発したり、旧ソ連のように体制がガラリと転覆《てんぷく》する異常事態が勃発すると、多くの国が兌換紙幣から不換紙幣に切り替わります。後者の不換紙幣を刷り増して、見てくれ上の必要予算を確保しようとするのです。

安部―するとお金が本来もっている価値が薄れていき、インフレを引き起こすのは必然的です。近年では、ジンバブエで年率220万%というハイパーインフレが起こりました。政府が発行する紙幣は完全に価値を失い、お金で焚《た》き火《び》をする人まで出現したものです。「明治14（1881）年10月の政変」[*4]によって大隈重信《おおくましげのぶ》[*5]が失脚すると、松方正義《まつかたまさよし》が大蔵卿《おおくらきょう》に就任しました（1881〈明治14〉～85〈明治18〉年在任）。松方はそのまま初代大蔵大臣を務めます（1885〈明治18〉～92〈明治25〉年在任）。

佐藤―松方正義が指揮を執った一連の経済・財政政策「松方財政」は、日本経済に甚大《じんだい》な影響を及ぼしました。

安部―不換紙幣の乱発によって起きたインフレのいびつさを是正するため、松方はインフレからデフレ[*6]へ大胆に舵《かじ》を切ります。まずはインフレによって足りなくなった正貨を買いつけ、兌換制度の導入によってインフレの収束を図りました。1882（明治15）年には日本銀行を設立します。不換紙幣から兌換紙幣に転換し、お金が本来もつ価値を取り戻したのです。

さらに、膨らんだ財政赤字を圧縮するため増税に踏み切りました。一連の大胆な経済・財政政策によって、日本経済はインフレからデフレへと転換します。

■松方正義大蔵大臣による「松方財政」

安部―西南戦争が起きると、明治政府は不換紙幣を乱発しました。それによって起きた国内のインフレを抑えないことには、外国との貿易がどうにもうまくいきません。インフレにどう対処するかが、松方財政の第一の眼目でした。

佐藤―1873（明治6）年の地租改正[*7]も、西南戦争後にインフレを引き起こす要因となりました。江戸時代の納税はお金を納める「金納」ではなく、お米そのものを現物で納める「物納」だったわけです。地租改正によって、納税は「物納」から「金納」へと切り替わりました。

安部―おっしゃるとおりです。明治初期の地租は、2・5％に固定されていました。インフレが起きて農産物の価格が上がろうが、経済全体がデフレに振れようが、地租率は2・5％で変わりません。インフレがどんどん進んでも、農民が納める税率が急上昇するわけではありませんでした。この問題にどう対処し、政府の歳入を増やすかが松方正義の大テーマだったのです。

こうなったら、もう徹底的な日本改造をやるしかない。どういう犠牲が出ても、なんとかしてインフレを抑えこみ、デフレ政策を実行するのだ。松方は不換紙幣をどんどん回収して、紙幣自体を焼却してしまう荒療治《あらりょうじ》を施しました。続いて銀本位制を確立して、外国との貿易ができるように通貨の信用度を高めていったのです。

佐藤—インフレ期には、まるで雨後のタケノコのようにいろいろな会社が設立されました。松方正義が極端な緊縮財政を推進していくと、インフレ期にできた会社は次々と倒産していきます。松方財政によってものすごい数の中小企業が倒産し、犠牲をこうむりました。その結果、ゆくゆくは財閥への資本の集中につながっていくのです。

■イギリス「囲い込み運動」と19世紀日本の近似

佐藤—松方財政のデフレ政策によって多くの中小企業が潰《つぶ》れると同時に、農民たちの生活は一気に苦しくなりました。デフレ政策によって、上昇傾向だった米の値段がパタッと下がってしまったからです。埼玉県の米の値段は、１８７７（明治10）年に１石《こく》が４円55銭でした。１８８１（明治14）年のピーク時には12円50銭まで高騰《こうとう》しますが、デフレ政策によって１８８４（明治17）年には４円76銭まで急落しています。

安部—お米の値段が下がり、物価が全体的に下がり、地価も下がる。農民たちは収入が下がるわ、土地や財産の価値は下がるわで、踏んだり蹴ったりでした。

１８８５（明治18）年度の兵庫県の統計では、財産を公売処分された人が約２万人。県民人口の約１割におよぶ14万人が窮状《きゅうじょう》に陥り、県内では１０００カ所も粥《かゆ》の炊き出しが行われたといいます。中小農民は小作人になるか、農村を離れて都市に流れ、労働者に転じるしか生きる道がなかったのです。これはイギリスの囲い込み運動とよく似ていませんか。

佐藤—似ていると思います。15世紀末から19世紀初頭にかけて、イギリスで「エンクロージャー」（enclosure）と呼ばれる囲い込み運動が起きました。それまで共同利用されていた土地に柵を立てて、領主や豪農が私有地として土地を分捕《ぶんど》ってしまったのです。

第１次囲い込みがなされたのは牧羊地でした。第２次囲い込みによって大農場が誕生し、農業が資本主義体制に結びつけられます。仕事ができなくなった農民は、豪農の雇われ労働者になったり、工業労働者に転じて資本家から搾取《さくしゅ》されました。

安部—僕は松方のブレーンの中に、イギリスの囲い込み運動についてよく知っている人がいたのではないかと見ています。「こういうことをやれば、ヨーロッパの囲い込み運動と同じ効果が生まれますよ」とアドバイスした人がいたおかげで、あの松方財政がなされたのかもしれません。

■29年後の新「東京ラブストーリー」

佐藤―松方財政とデフレの結果、明治期の日本で大きな変化が起きました。人々の働き方が変わり、安い賃金で搾取される労働者が頻出《ひんしゅつ》したのです。

そもそも労働者が手にする1カ月の賃金は、どうやって決まるのでしょう。1カ月に飲み食いする金額はいくらか。家賃はいくらか。人間である限り、趣味やレジャーにもちょっとくらいお金を使いたい。これらの商品やサービスを購入する総額によって、賃金は決まります。

ですから賃下げは簡単にできるのです。どんどんどんどん生産性を向上させて、生活物資を安く提供できるようになれば、賃金を下げても人々は生活していけますからね。

安部―１００円ショップで何でも安く買えて、アパートの家賃が安くなれば、たとえ給料が安くてもそこそこの生活は送れます。Wi-Fiが無料で使えるアパートならば、Netflixやアマゾ

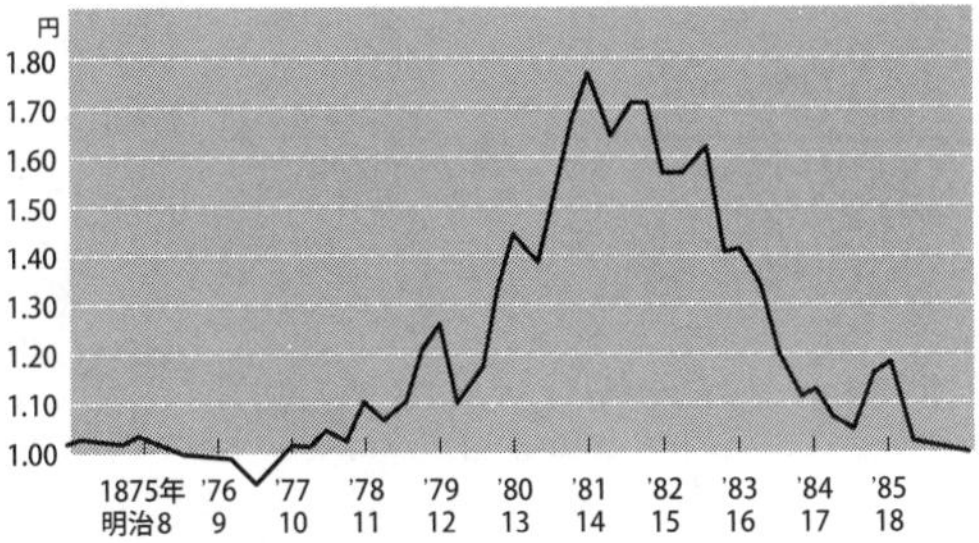

図表1／銀貨1円に対する紙幣の相場（集英社版『日本の歴史⑰　日本近代の出発』より）

ンプライムビデオで映画やドラマを楽しみ、YouTube の動画やオンラインゲームで娯楽も謳歌《おうか》できるわけです。

松方財政とデフレによって起きた現象と同じ光景が、今の日本でも見受けられます。

佐藤―腎機能低下によって、2022年初頭から私は血液透析を受けています。週3回4時間ずつ病院でじっとしていなければなりません。2月24日からウクライナ戦争が始まったため、透析を受けながら、ロシアの国営放送を注意深く観《み》るようになりました。週3回4時間だと、ちょっと時間を持て余し気味になります。そこで昔のトレンディドラマを観ることにしました。

安部―トレンディドラマですか。

佐藤―そうです。私は1986年に日本を出てから、96年まで旧ソ連とロシアで外交官として仕事をしていました。この間、日本のテレビをまったく観ていないので、バブル絶頂期にどういうドラマを放送していたのか、情報が抜け落ちているのです。

91年1~3月、フジテレビでドラマ「東京ラブストーリー」が放送されて大ヒットしました。

安部―鈴木保奈美《すずきほなみ》さんが主演でしたね。

佐藤―最高視聴率30％超えというオバケドラマでした。２０２０年にその「東京ラブストーリー」がリメイクされています。主演は原田美枝子《はらだみえこ》さんの娘（石橋静河《いしばししずか》さん）でした。

安部―両者を観比べてみたところ、どんなことに気づきましたか。

佐藤―１９９１年版よりも、２０２０年版のほうがはるかに貧乏なんですよ。91年版では、医学生の三上健一（江口洋介《えぐちようすけ》さん）がスポーツカーを乗り回しています。ところが20年版のドラマでは、三上が乗っているのは普通車でした。

幼稚園の先生をやっている関口さとみは、91年版（有森也実《ありもりなりみ》さん）ではワンルームマンションに住んでいます。ところが20年版の関口さとみは、カンカンアパートに住んでいました。

安部―カンカンアパートって、階段を昇るときに鉄の音がカンカン鳴っちゃうボロアパートですか。それはだいぶ生活感が変わっちゃったなあ。

■学生が喫茶店や居酒屋に行かなくなった理由

佐藤―１９９１年版の「東京ラブストーリー」では、みんながカフェバーやレストランに集まってワイワイ騒いでいます。２０２０年版では、飲み会をやるときには基本的に家飲みなんですよ。

安部―今の若い人たちの実情に即した話かもしれませんね。

佐藤―みんなが観るドラマは、平均的な日常生活よりちょっと上くらいに設定しないとウケません。実情と著しく乖離《かいり》していたら、誰も親近感を覚えず感情移入してくれないわけです。2種類の「東京ラブストーリー」を観て、私は愕然《がくぜん》としました。29年後の日本は、1990年代初頭よりもだいぶ貧しくなっていたのです。

そこで私が教えている同志社大学の学生に「仕送りはいくら?」と訊《き》いてみました。同志社大学の学生の仕送りは、平均が月8万円です。私が同志社にいた70年代終わりから80年代は、周囲の学生はみんな仕送りが月12万円でした。

大学の授業料は当時34万円、今は年間100万円もします。私が暮らしていたころの下宿は、月に1万2000円でした。京都のアパート代は、今だいたい4万円から6万円はします。すると、学生が家飲みしかできないのは当たり前ですよね。

安部―仕送りだけでは足りないからバイトをがんばっても、まだ追いつかない。物価が上がっても親の給料がそれに見合うほど上がっていないために、相対的にみんな貧しくなっているのですね。

佐藤―今の学生が居酒屋に行かないのは当たり前なんですよ。喫茶店も行かないのが当たり前です。学生街にある安い喫茶店は、コーヒーが１杯２４０円でした。今もドトールやタリーズコーヒーに行けば、コーヒーは１杯２００円から３００円くらいで飲めますから、40年経《た》ってもコーヒーの値段はそれほど変わっていません。

ところが学生たちは、今やドトールやタリーズコーヒーにすら行きません。セブン－イレブンで１００円のコーヒーを買ってきて、それを飲みながら友だちとおしゃべりするのです。

■ジュース1杯2500円の格差社会

佐藤―１９９０年から２０２０年まで30年経って、なぜ日本がここまで貧しくなってしまったのか。「東京ラブストーリー」に象徴されるように、日本人の生活スタイルが大きく変化した正体はデフレです。デフレ経済が常態化し、生活コストは限界まで低く抑えられてきました。

安部―その結果、労働者の賃金が低い値で安定状態にあるのですね。

佐藤―裏返して言うと、こういう状況は「資本の蓄積」にとっては都合がいいわけです。大多数の労働者がギリギリの生活を送るなか、株式をたくさんもっている資本家には逆に資本が蓄積していきます。

東京の五つ星ホテルなんて、今やなかなかレストランの予約が取れません。部屋代が余計にかかる個室から先に、どんどん予約が埋まっていくのです。

ちょっと前まで、こういうホテルではオレンジのフレッシュジュースが1杯1400円でした。これでも庶民感覚からすると十分値段が高いのですが、今はなんとオレンジジュース1杯が2500円なのです。

安部—ええっ、そんなに高いんですか。おそろしい値段設定だなあ。

佐藤—中華料理のレストランでいちばんベーシックなコースが、ちょっと前まで1万4000円でした。今は2万2000円です。2022年7月から、東京の中心部で急速に物価が上がっています。ちなみにカフェでの牛丼の値段が6000円です。

外資系企業に勤める人、年収で言うと3000万円以上の人が、こういうレストランへ日常的に食事に来ているのです。私が見る限り、たまに仕事の会食で使っている人は見受けられますが、ほとんどがビジネスの用事では使っていません。どう見てもプライベートで食事に来ている人ばかりです。日本国内で、格差は明らかに大きく広がっています。

安部—松方財政の大なたが振るわれた明治期と同じですね。昔僕たちが海外旅行に行ったときには、円高のおかげでだいぶメリットがありました。特に東南アジアやインドあたりに出かけると、ずいぶん為替《かわせ》格差の恩恵を受けたものです。日本の金銭感覚から見ると、タダみたいな値段で食事ができましたからね。今やその逆転現象が起きています。

■北京やソウルより物価が安い都市・東京

安部─都心の一部のラグジュアリーホテルは例外として、東京の物価は国際都市と比較して総じて安いです。

佐藤─海外によく出かける人に話を訊くと、今北京はもとより、ソウルでの物価は日本よりはるかに高く感じるそうです。その人は「皮膚感覚で今日本と同じ物価はタイのバンコクだ」と言っていました。

日本で高級寿司《すし》店のカウンターに座っても、１人５万円取られることはなかなかありません。ところがロンドンやニューヨークやモスクワであれば、ちゃんとしたお寿司屋さんは１人10万円取られますからね。日本ではラーメンは６５０円とか７００円で食べられますが、ラーメンの国際基準価格は１杯２５００円です。

最近、東京にできた外資系ホテルに、日本人はほとんど泊まりません。あそこは国際基準の価格設定になっていまして、最低10万円です。こんなホテルに泊まりたがる日本人はいません。東京の伝統的な高級ホテルは3万円か3万5000円で泊まれますが、国際社会から見ると、この種のホテルの適正価格は15万円から20万円なのです。今日本は、国際社会から見て異常に安い状態にあるのです。

安部―テレビのバラエティ番組で「日本はすごい」「日本バンザイ」的なものが目立ちますが、海外の人から見たら「こんなに安い日本はすごい」なんですよね。そう言われて喜んでいるようではいけません。海外の富裕層から安く買《か》い叩《たた》かれている、とも言えるわけですから。

佐藤―これから恐るべきは、コスト高によって起こる「コストプッシュインフレ」です。これが本格的に起きると、もはや財政政策も金融政策も効きません。となると、圧倒的に勤労《きんろう》者《しゃ》の負担だけが増える恐ろしい事態が訪れます。

安部―「21世紀の松方財政」は、果たして誰が大なたを振るってくれるのか……。佐藤さんのお話をうかがっていると、いささか暗い気持ちになります。

■ 格差の拡大と資本の集中

安部―今のお話からも、松方財政のころの明治時代と、今の日本は似通っていることがよくわかります。松方財政のデフレ政策によって、格差が拡大して資本の集中が起こりました。

佐藤―おっしゃるとおりです。「結果的に資本の集中が起こった」というよりも、松方正義が「意図的にデフレを引き起こした」と表現したほうが正確でしょう。明治政府は強力な資本家、ブルジョアジーを作らなければいけませんでした。戦争をやるためには、強力な資本が必要ですからね。

安部―官営企業の払い下げをやったのは、まさにそういう理由でしょうね。

佐藤―官営企業の払い下げと聞くと、私は皮膚感覚でよくわかるのです。ソ連崩壊後の１９９２年、ロシアで国営企業の払い下げが起きました。それまで国有財産だったものを、新ロシア政府が召し上げてみんなで分捕り合戦をしたのです。あれはとても乱暴なやり方でした。

ソ連が崩壊すると、ロシアは国営企業の資産を召し上げて株式会社化してしまいます。そして92年から、１億５０００万人のロシア国民全員に民有化証券（私有化証券）を２０００ルーブルずつ渡しました。この２０００ルーブルは、それで株を購入してもいいですし、売り払って現金化してもかまいません。

こういうときは、ルールメーカーがいちばん得するに決まっています。ルールを作っている特定の人たちだけに富が集中し、ルールメーカーがますます大金持ちになっていきました。

安部―松方財政によってなされた官営企業の払い下げは、ソ連崩壊後のロシアよりもっと乱暴なやり方でした。

佐藤—人間関係を通じて、親しい知人に「お前にあげよう」という感じで財産の分捕り合戦をやっていたわけですからね。極めてメチャクチャなやり方でした。

■「お代官様と越後屋」の再来　政商の誕生

安部—明治維新直後、経済的に困窮《こんきゅう》した明治政府を支えていたのが岩崎彌太郎《いわさきやたろう》[*8]（三菱財閥《みつびしざいばつ》の創業者）や三井財閥[*9]でした。明治政府は彼ら資本家からずいぶん借金していたものですから、官営企業の払い下げを乱暴に進めたのは、功労賞のような側面もあったのでしょう。

佐藤—時代劇によく出てくる「越後屋《えちごや》」の延長なんですよね。代官が「お主もワルよのお」とか言って、国有財産を越後屋にそのまま横流ししてしまうのです。越後屋は「いえいえ、お代官様ほどでは……」なんてオベンチャラを言って、ゲハゲハ笑いながら密室で富の独占が決まっていきます。

安部—まさに「本源的蓄積」であり「原始的蓄積」です。古い封建社会が壊れて資本主義が成立する過程で、資本は必然的に一部の特権階級に集中します。江戸時代に２６０年も続いた封建体制をぶっ壊すためには、明治期の日本で「本源的蓄積」「原始的蓄積」を引き起こすことが必要でした。

松方財政によって意図的にデフレを引き起こし、税制を操作して税的優遇措置を採る。日本社会に大金持ちと企業家を作り、彼らに国有財産をどんどん払い下げていきました。

佐藤―「政商の誕生」とも言えます。政治の力を巧妙に使いながら、富がますます集中する方向へ振れていく資本家が日本社会で誕生しました。

安部―その流れは今日でも続いていますよね。昭和時代、日本のすべての大企業は大蔵省（現在の財務省）や金融監督庁（現在の金融庁）、通産省（現在の経済産業省）の顔色ばかりうかがっていました。何か困ったことがあったらすぐ役所に相談する態勢は、今も続いています。

佐藤―霞《かすみ》が関《せき》（中央省庁）ではどの役所でも、50代の官僚が、許認可権をもっている関係団体に天下りしていきます。一定の冷却期間があるにせよ、役所と天下り先で非常に緊密な人脈が連綿と続いていくのです。こうした現象は日本特有ではありません。アメリカでもイギリスでも、資本主義国はどこも同じです。

■福澤諭吉『学問のすゝめ』のメリトクラシー

佐藤―「明治政府の松方財政によって、一部の資本家による富の独占に連続性がある」と民衆が気づくまでには、少し時間が必要でした。松方財政の本質についていち早く気づいたのは、明治維新後、薩長土肥《さっちょうどひ》体制に入れなかった人たちです。

安部——薩摩《さつま》藩、長州《ちょうしゅう》藩、土佐《とさ》藩、肥前《ひぜん》藩の出身者が、明治維新後に政府の主要なポストを独占しました。

佐藤——要するに薩長土肥以外の出身者は、エスタブリッシュメント（支配階級）においてキャリアパス（出世の道筋）を得られなかったのです。

では薩長土肥以外の出身者は、どこの領域で活躍できる場所を保障されたのか。教育と宗教です。キリスト教の世界で活躍した人で言うと、新島襄《にいじまじょう》[10]にしても新渡戸稲造《にとべいなぞう》[11]や内村鑑三《うちむらかんぞう》[12]も、ほとんどが幕府側の藩出身の佐幕派[13]でした。

安部——日本で出世できなくても、外国へ留学して最先端の学問を身につけ、アカデミズムの世界で生き抜く道もありました。

佐藤——要するに福澤諭吉《ふくざわゆきち》[14]の「天は人の上に人を造らず人の下に人を造らず」（『学問のすゝめ』）という言説は、典型的なメリトクラシー（meritocracy＝能力主義）の発想なのです。あらかじめ出世と社会的成功が保障された門閥だけが、エスタブリッシュメントの地位を占めるわけではない。学問さえきっちり身につけていれば、門閥たちを押しのけて自分が上へ上へとのし上がっていける。

安部―「天は人の上に人を造らず人の下に人を造らず」という言葉は、ルサンチマン（強者への嫉妬《しっと》と怨恨《えんこん》）を抱えた薩長土肥以外の出身者たちに絶大な希望を与えたはずです。

■ 銀本位制の確立と輸出産業の発展

安部―松方財政によって銀本位制が確立し、国内で資本主義的生産が進むと、輸出産業が好調になっていきました。綿糸《めんし》が典型です。

佐藤―綿以外にも、意外と儲《もう》かったのが日本茶でした。明治初期のお茶は超高級品でして、商品作物としてものすごく価値が高かったのです。静岡や埼玉の狭山《さやま》あたりでは、明治初期に書かれた英語の手紙がけっこう残っています。私は埼玉県出身ですから、10代のころ郷土史で勉強しました。ヨーロッパやアメリカの貿易商が、日本で作られたおいしいお茶をほしがったのです。

安部―今と同じですよね。高品質高付加価値の商品を、海外の富裕層はいくら出してもほしがりますから。中国では1個1万円で日本の桃が売られていたりします。

佐藤―ワインボトルに入った超高級茶が、１本1万円で売られていたりします。

安部―松方財政によって輸出が好調になっていくにつれて、商品の販路を確保しなければいけない問題が産業界から噴出しました。

佐藤―でも、かつての日本には関税自主権[*15]がありませんでした。

安部―あれはとんでもなく不利な状況でした。

佐藤―貿易立国を目指すのならば、少なくとも日本に入ってくる商品の税率は日本が決められなければ困ります。罪人を釜茹《かまゆ》でにしたり、磔獄門《はりつけごくもん》でさらし首にするような状況だと「こいつらはとんでもない未開民族だ」と敬遠されて、いつまでも治外法権[*16]が撤廃されません。治外法権を撤廃して関税自主権を獲得するためには、ヨーロッパと同程度の法制度を整備する必要がありました。

日本の商品がいくら海外で売れたところで、外国製の機械を手に入れるときに、とんでもない税率をかけられてはかないません。不平等条約を撤廃させて関税自主権をもつことは、富国強兵政策と合致していました。

■調所広郷と松方正義

安部―松方正義は1835（天保6）年、薩摩藩士・松方正恭《まさやす》の家で生まれました。明治維新（１８６８〈明治元〉年）のときには、すでに34歳の年齢です。

佐藤―　34歳というと、当時の感覚ではもうだいぶ年配ですよね。

安部―　そうですね。１８５０（嘉永3）年、松方は薩摩藩で御勘定所《ごかんじょうしょ》に登用されました。薩摩藩の財務を担当する財務官僚です。この直前まで薩摩藩の財務担当大臣を務めていたのが、調所広郷《ずしょひろさと》＊17（通称・笑左衛門《しょうざえもん》）でした。佐藤さんとの対談シリーズの第2弾（『対決！　日本史2　幕末から維新篇』）でも話題にのぼったとおり、調所はたいへんな豪腕です。贋金《にせがね》は作るわ、密貿易はやるわ、砂糖の強制栽培をやらせたり、５００万両の借金を踏み倒しました。強力な財政改革によって、薩摩藩を立て直した人物です。

松方が薩摩藩の御勘定所に入った前年、１８４９（嘉永2）年に調所は自殺しました。彼の死後も、薩摩藩の財政方の中には調所の教えがとても重いモデルケースとして残っていたはずです。明治政府の財政政策で剛腕を振るった松方正義の腹の底には、調所広郷とまったく同じ発想があったのではないでしょうか。

財政政策ばかりが注目されますが、松方は2回首相を務めています（１８９１〈明治24〉～92〈明治25〉年、96〈明治29〉～98〈明治31〉年在任）。日本という国家をどう形づくっていくかという大きなグランドデザインがまず先にあって、その大目標に合わせて財政政策を考えていったのでしょう。

佐藤―安部さんの見立てはとても説得力があります。松方正義は、能力が極めて高い人物だったことは間違いありません。身分が低いところからグッとのし上がり、首相まで登り詰めた。当時は身分制社会でしたから、やっかみもひどかったでしょう。そのやっかみを跳ねのけるだけの智恵《ちえ》と組織力が、松方にはありました。「この人がいなければ国家は成り立たないのだ」と誰もが認める地位を、30代にしてきちんと確立できた人物です。

安部―同感です。

■ 薩摩藩の特殊性と多様性

佐藤―松方正義という逸材を輩出した薩摩藩は、武士の比率が非常に高い藩です。

安部―関ヶ原の戦い[*18]に敗れて窮地《きゅうち》に陥ったときも、薩摩藩は武士をやたらと解雇しませんでした。解雇しない代わりに、タダ同然の食《く》い扶持《ぶち》だけ与えて「自分たちの力で食っていけ」と突き放したのです。彼らは外城《とじょう》に住み、郷士《ごうし》になりました。

佐藤―裏返して言うと、武士たちが民衆と非常に近い生活を送っていたため、食い詰めることがありませんでした。武士だからといって威張りくさって思い上がることなく、民衆の感覚をきちっともっていたのです。江戸で「オレは浪人だ」なんて言ってフラフラしている輩《やから》は、実態は食い扶持がなくて陰で傘張りをやっていたりします。するとだんだんいじけてきて、四谷怪談《よつやかいだん》に出てくる伊右衛門《いえもん》みたくなっちゃう。

安部―自分の出世のことばかり考え、お岩さんを騙《だま》して毒を盛って殺してしまう。伊右衛門はたたりに遭ってしまいました。

佐藤―薩摩藩には、伊右衛門みたいないじけた「だめんず」のイメージはありません。

安部―身分は半分武士でありながら、自作農としてたくましく生きていく。地べたに足がついた生活者のイメージです。

佐藤―しかも桜島がしょっちゅう噴火するような土地ですから、そんなに豊《ゆた》かとは言えません。沈壽官《ちんじゅかん》さん*19のように、朝鮮半島からやってきた陶芸の名手が専門家として優遇されていたりもします。薩摩藩は多様性に富み、とてもおもしろい土地です。

安部―前著でも佐藤さんと語り合ったとおり、薩摩藩は沖縄の統治権を半分もちながら貿易をやっていました。ほかの藩とはケタ違いに、国際感覚が訓練されていたはずです。

■「オレは今でも民衆の一人だ」という大衆感覚

安部――もしかしたら松方正義の頭の中には「オレが生まれ育った薩摩藩の人間は、どれだけ貧しくても何でも作って売って生き抜いた。日本の民衆も同じように生き抜けばいいのだ」という思いがあったのかもしれません。「日本の発展のため、今は苦しい思いをする民衆がいても仕方ない。後世のために身を捧《ささ》げるのだ。そう民衆も納得してくれるはずだ」と思ったから、あの松方財政を推進することができたのではないでしょうか。

佐藤――そういう松方には、いわゆるエリート意識が乏しい感じがします。

安部――僕もそう思います。

佐藤――当時、身分が低いところからエスタブリッシュメントのトップまで上がってきた人の中には、「自分の力で這《は》い上《あ》がってきた」というよりも、「オレは今でも民衆の一人だ」という意識が強かったのではないでしょうか。

安部――「自分も民衆の一人として薩摩藩のため、国家のために苦しい思いをしてきた。だから民衆が苦しむ政策を施しても、民衆の犠牲は国家のためになる。きっとわかってくれるはずだ」と納得していたのではないでしょうか。

佐藤―そこが明治期の日本の特徴でして、社会が国家に包摂されてしまう。国家と社会が分かれていないのです。

■ 寄生地主出身だった太宰治

安部―松方財政のデフレ政策によって、寄生地主にお金が一気に集まりました。寄生地主で有名なのが、太宰《だざい》治《おさむ》[*20]の生家です。

佐藤―寄生地主とは、自分は農業の仕事をやらず、小作農に農地を貸して賃料を取る地主のことです。第２次世界大戦後に農地改革がなされるまで、寄生地主は富を集積していきました。太宰が生まれた家は、津軽《つがる》の大地主です。父は巨額の富を蓄積し、貴族院議員を務めるセレブでした。豊かな寄生地主の家に生まれた太宰は、一時は日本共産党の活動に傾倒しました。

安部―豊かな家庭で育った太宰のような子どもは、現体制に疑問を抱いて左翼思想に流れていきました。太宰は高校時代にプロレタリアート文学[*21]を書いています。東京帝国大学に進むと共産党に入党して、そこで運動に挫折《ざせつ》しました。社会変革を目指す左翼運動と労働運動、それと文学や文化が結びついていくのです。

佐藤―寄生地主の家はとても豊かですから、今日明日食べるご飯の心配をする必要がありません。生活に余裕があったぶん、寄生地主の家系からはいろいろな文化が生まれてくる側面がありました。

■ロシアの寄生地主とナロードニキ運動

佐藤―寄生地主の家から、なぜ左翼思想に傾倒する太宰治のような人間が出てくるのか。マルクス[*22]が初期に書いた「プロイセン国王と社会改革」という論文(『マルクス＝エンゲルス選集〈第1巻〉ヘーゲル批判』、新潮社に所収)を読むと理由がわかります。

マルクスによると、いちばん苦しい生活を送る人たちの層からは、世の中を変革する運動は出てきません。経済的に少し余裕のある層から、そうした改革運動の担《にな》い手《て》が出現するのです。

安部―日々の生活に追われて汲々《きゅうきゅう》としていると、社会の中で自分たちが置かれた立ち位置なんて、客観的に見ることはできないものです。

佐藤―経済的に豊かな寄生地主の子どもは「自分の家に比べて、まわりの人間はなぜこんなに貧しくて苦しい生活を送っているのだろう。自分たちは今のままでいいのだろうか」と疑問を抱くのです。

ちなみにロシアの寄生地主と農民の間には、日本とは比較にならないほどの格差がありました。トルストイ[*23]だって、とんでもなく豊かな寄生地主の出身です。彼ら寄生地主の一部は「農民をこんなにひどい目に遭わせながら、我々は豊かな生活を送っていていいのか」と疑問を抱きました。そして「ヴ・ナロード」（人民の中へ）と言ってナロードニキ運動[*24]を始めるのです。

安部―19世紀後半、ロシアのインテリ層が「ヴ・ナロード」と言って農村共同体に飛びこんでいきました。人民主義者（ナロードニキ）は農民の中に入って革命運動を画策しますが、あまり支持を集められず革命は挫折します。

佐藤―ナロードニキは村に入ってこう叫びました。「地主たちを打倒して、我々の社会を作るのだ。社会主義の体制を作るのだ！」。ところが、農民たちは彼らの訴えに心を動かされません。「ウチの村に変なのが来たぞ」と農民に捕まえられ、警察に突き出されてしまいます。するとナロードニキは「オレたちはお前たちのために運動をやってるんだぞ！」と逆ギレして捨てゼリフを吐くわけです。「ヴ・ナロード」運動が挫折した結果、何が起きたでしょう。「民衆は駄目だ。農民は駄目だ」「テロによって国家の指導部を入れ替えるほかない」と極論に振れていきました。暴力革命運動を主導したトカチョフ[*25]なんて人が典型です。

安部 一洋《よう》の東西を問わず、起きている事象はけっこう似通っているということですね。日本史と世界史を振り返って比較してみることは、単なる歴史の勉強にとどまらず、現代を生きるうえでの羅針盤となるに違いありません。

第2章　民権論と国権論の衝突

なぜ民権論は国権論に圧倒されたのか。
民権論、国権論――
いずれも民衆不在の政治運動であった。
さらに江華島事件の真実と
吉田松陰の『幽囚録』が近代日本に与えた影響とは。

■国会開設に反対した同志社大学創立者・新島襄

安部―明治初期、「個人の自由と権利を確立するべきだ」という「民権論」が勃興《ぼっこう》します。それに対して「まずは不平等条約を撤廃し、国家の独立を優先するべきだ」という「国権論」が唱えられました。

「民権論」は「国権論」に圧倒され、ナショナリズム（国家主義）に熱狂する日本は日清《にっしん》戦争、日露《にちろ》戦争へと突き進んでいきます。

明治初期に自由民権運動[*1]が目指していたスローガンは「国会開設」と「門閥《もんばつ》政治の打倒」でした。これを主導した西郷隆盛《さいごうたかもり》[*2]や板垣退助《いたがきたいすけ》[*3]は、「明治6（1873）年の政変[*4]」で下野《げや》してしまいます。西郷や板垣は征韓論《せいかんろん》[*5]を主張して推し進めようとしたのですが、一枚上手だった大久保利通《おおくぼとしみち》[*6]との政争に負けて失脚しました。

そもそも板垣たちが自由民権運動を始めるにあたって、政府攻撃が第一の目的だったフシがあります。政治闘争の道具として自由民権運動を使ったのであって、民衆のこと、社会のことを第一に考えていないのです。

佐藤―たしかにそのとおりですよね。前著でも触れましたが、国会開設に関して、同志社大学を創設した新島裏《にいじまじょう》は反対論でした。アメリカの民主主義を自分の目で見てきた新島裏は、こう考えます。

「日本で国会を開設するのは時期尚早《しょうそう》だ。日本では議会政治を担《にな》うに値する人材がまだ育っていない。このような状態で性急に議会を開設すると、たちまち金権政治が横行するのが目に見えている。まずは教育を先にやらねばならない。近代的な市民をちゃんと育てるのが先だ。欧米の真似《まね》をして器《うつわ》だけ作ったら、日本にとんでもない金権政治が生まれる」

新島裏のこうした見立ては、半分当たっていたと思います。

安部―僕もそう思います。

佐藤―恒産《こうさん》をもっている人、財産をもっている人にしか選挙権が与えられない。こういう議会制度で構わないのだという「人間観の問題」なのです。

■ 民衆不在の「国権論」

佐藤―「財産をたくさんもっている人は、ほかの人よりずっと努力していて能力も知性も高い。そういう人には、きちんとしたマネジメント（統治）能力がある。マネジメント能力をもった人が政治を担い、あとの人はつき従っていれば大丈夫なのだ」

こういう発想の人は、大多数の民衆の生活をきちんと想定していません。「普通選挙なんてなくたって構わない」とか「議会は一部の人間だけで回せばいいのだ」ということを考える人の頭は、根本的に民衆不在なのです。財産の多寡《たか》と人間的な叡智《えいち》の間には、何の関係もないですからね。

ただし、日々の生活に追われて食うや食わずの状況だと、政治だとか社会に関心をもつ余裕がないのもたしかです。

安部―明治初期は地租を財政の基礎にしていましたから、「地租をたくさん納めている人たちを自分の政権の中に取りこめばいい。貧しい民衆は二の次で構わない」と考えていたのでしょう。いずれにせよ、為政者の頭は経済が主体だったわけです。

佐藤―でも地租といったって、地租改正がなされるまで土地は誰のものだかよくわかりませんでしたからね。

旧ソ連が崩壊したとき、国営企業がもっていた財産や土地を、いきなり国民一人ひとりに切り分けて分配してしまいました。その財産を大量に買い集め、ソ連崩壊後に富の集中に奔走したのがロシアのオリガルヒ*7（新興財閥）です。これまた民衆不在であることは変わりありません。

安部―第１章で語り合ったとおり、松方《まつかた》財政における官営企業の払い下げのときに起きたことよく似ています。

佐藤―似ていますよ。要するに、財産の分捕《ぶんど》り合戦ですから。

■ 秩父事件と福島事件と加波山事件

安部―明治６年の政変によって失脚した板垣退助は、１８８１（明治14）年に自由党を結成しました。ところが結党からわずか４年目の１８８４（明治17）年に、自由党を解散します。なぜ解散したのか。松方財政が引き起こしたデフレに反発した民衆が、秩父《ちちぶ》事件[*8]や福島事件[*9]といった一揆《いっき》を各地で引き起こしたからです。一揆の中心になったのは自由党の党員でした。

佐藤―１８８２（明治15）年、福島県で自由党員や農民が弾圧される福島事件が起きました。１８８４（明治17）年には、秩父地方（埼玉県西部）の農民が困民党《こんみんとう》を結成し、自由党員といっしょに秩父事件を引き起こします。

秩父事件はものすごい規模でして、１万人の農民が高利貸しの金融業者や警察を襲撃《しゅうげき》し、武装蜂起《ほうき》しました。ちなみに２００４年には、秩父事件を描いた映画「草の乱」が公開されています。

同じ年には、茨城県の加波山《かばさん》で自由党員による加波山事件[*10]も起きました。

安部―卑怯《ひきょう》なことに、板垣退助は一連の一揆の先頭に立とうとしません。自由党を解散することによって、自分に火の粉がかかるのを避けたのです。この一点こそ、板垣が民衆の側に立っていないことの何よりの象徴ではないでしょうか。

佐藤―そう思います。福島事件や加波山事件は、怒れる一部のエリート層が起こした事件でした。対して秩父事件は両者とはだいぶ位相が違います。

安部―そうですね。

佐藤―秩父事件は完全に民衆が主体でした。だから1万人もの規模にまで武装闘争が膨らんだのです。

■板垣退助と伊藤博文の連合政権

安部―一連の一揆に対して、国は厳しい弾圧政策を採りました。すると当然「板垣退助のところの自由党員があちこちで暴れ回っているのか」という話になり、「このままでは私の立場が危うい」と板垣は怖気《おじけ》づいたのでしょう。

その後も板垣は国会開設の夢をあきらめません。自由党解散から6年後の1890（明治

23）年、板垣は愛国公党を結成します。板垣は「大同団結運動」を組織化し、政府の攻撃に走りました。

佐藤―「大同団結運動」とは、1886（明治19）～89（明治22）年に民権派が展開した反政府運動です。各政党に分散した民権派が大同団結し、国権派に対抗しようとしました。

安部―1890（明治23）年、板垣は愛国公党や自由党などの大同派を束ねて、立憲自由党を結党します。運動の主体は、いつしか自由民権運動を担っていた民衆から、政党に集まる氏族や豪農が中心になっていきました。自由民権運動が次第に変質していくのです。1891（明治24）年に立憲民主党は自由党に改組《かいそ》されます。

1896（明治29）年、伊藤博文《いとうひろぶみ》[*11]首相は板垣退助の自由党を閣内に取りこむことに成功しました。板垣は伊藤博文内閣で内務大臣に起用されます。民権派だったはずの板垣退助と自由党が、政府の中にすっぽり呑《の》みこまれてしまいました。すると、それまで政府と仲が良かった国民協会が大反発します。

佐藤―国民協会とは、1892（明治25）年に結成された国家主義政党です。

安部―伊藤博文と板垣退助の合従連衡《がっしょうれんこう》に大反発した国民協会は、政府攻撃の矛先をどこにもっていったか。条約改正問題です。さらに、朝鮮半島情勢に対する政府の弱腰を厳しく追及していきました。
外交交渉を進めるにあたり、国権を最大化する強硬外交を主張した勢力は「対外硬」と呼ばれます。国権派の「対外硬」は、大日本協会、東洋自由党、同盟倶楽部《くらぶ》、立憲改進党、国民協会、政務調査会の六党派がいました。国民協会は「対外硬六派」の中心になって、政府を徹底的に攻撃します。さらに大隈重信《おおくましげのぶ》の立憲改進党と党利党略でいっしょになって、政府への攻撃を激化させました。

佐藤―結局のところ、国権論とは党利党略と保身の産物だったのですよね。

安部―佐藤さんがおっしゃるとおり、政治が社会を包摂してしまっている。社会の側に立っていない。民衆の側に立っていない。政権の争奪だけが目的とされ、民衆が置き去りにされる虚《むな》しい運動でした。

■黒岩涙香の「萬朝報」

佐藤―民権論と国権論のつばぜり合いが進むなかで、明治期の日本でマスメディアが誕生しました。民衆の側に立つメディアとして1892（明治25）年に黒岩涙香《くろいわるいこう》*12が創刊した「萬朝報《よろずちょうほう》」の存在は非常に大きいと思います。

1894（明治27）年に日清戦争が開戦したころ、日本は国権論と戦争肯定にからめ取られていました。日清戦争に至る過程において、ほとんどの国民がナショナルな意識に糾合《きゅうごう》されていってしまったのです。東アジアで帝国主義の嵐が吹き荒れるなか、「欧米列強の帝国主義国家によって、あの中国が植民地として切り刻まれてしまうのか」という恐怖が日本にはありました。

安部―あのころイギリスやフランスに対して日本人が抱いていた恐怖は、とてつもなかったはずです。

佐藤―さらに北からはロシアがやって来ます。「だから国を強くしなければいけない」という世論が支持されました。あの当時、日本にとって朝鮮に出ていく理由とは何だったのか。中国の影響下にあったはずの朝鮮半島を、ロシアがじりじりと侵食し始めているという危機意識があったのです。

安部―黒岩涙香の「萬朝報」は好戦的な政府のやり方に異を唱え、日露戦争前には「非戦論」を主張しました。あの物騒な時代に「萬朝報」のような新聞が発刊されていたことに驚きます。

▩ 大院君の失脚と閔妃虐殺事件

佐藤―安部さんとの対談シリーズの第2弾（『対決！ 日本史2 幕末から維新篇』）で、與那覇《よなは》潤《じゅん》さんの著書『翻訳の政治学　近代東アジア世界の形成と日琉《にちりゅう》関係の変容』（岩波書店）を紹介しました。江戸時代の日本は「朝鮮が日本に朝貢《ちょうこう》*13している」という解釈だったわけですが、朝鮮通信使が掲げていた旗には「巡察」と書いてあったそうです。「朝鮮通信使は、朝鮮の辺境である日本を見守って回っているのだ」というのが朝鮮側の解釈でした。

安部―日本と朝鮮は、お互いの解釈がまったく違うことをわかっていた。そのうえであえて「巡察」を翻訳せず放置して、紛争を回避したという話でしたね。

佐藤―ええ。冊封《さくほう》体制*14である日本では単に「朝鮮から使節が来ている」という形にしておき、あえて正確に翻訳しませんでした。

腹の中では日本も朝鮮もお互い「自分たちのほうが上だぞ」と思っていたわけです。このままの状態で放っておけば紛争が起きることはなかったのに、朝鮮では両班《ヤンバン》の意見が割れちゃうんですよね。

安部―両班とは、李《り》氏朝鮮《しちょうせん》*15時代の特権階級です。文官も武官も含め、すべての官僚ポストを両班の人間が独占しました。その両班の中で、血で血を洗う内ゲバが起きるのです。国王・李太王《イ・テワン》[16]（第26代高宗）の父である大院君《だいいんくん》[17]が、李太王の后《きさき》である閔妃《びんひ》[18]一族と権力争いをしました。

佐藤― 両班の醜い内ゲバを見た日本は、よせばいいのに権力争いに自ら手を突っこんでいきます。１８９５（明治28）年、駐韓日本公使が指揮を執って、日本軍が閔妃を暗殺しました。

安部― いやあ、あれはひどいですよ。韓国の人々は未《いま》だに閔妃虐殺事件を恨んでいます。

佐藤― 事件は今もずっと尾を引いていますよね。１００年以上前の事件だからといって、決して済んだ話ではありません。今後さらに深刻になる可能性もあります。

安部― いくら国王夫人が反日的だからといって、他国の軍隊が宮廷に乗りこんで、いきなり暗殺していいわけがありません。日本の朝鮮半島侵略に対抗するため、閔妃はロシアに助けを求めていました。

閔妃を暗殺することによって、日本はロシアと朝鮮のパイプを絶とうと考えたわけです。お后様を惨殺《ざんさつ》された朝鮮の人々は激怒し、民族闘争に火がつきました。その火種は今も連綿とくすぶっているのです。

■江華島事件と江華条約　朝鮮の開国

安部―1875（明治8）年、朝鮮で江華島事件《カンファド》[*19]が起きました。江華島に駐留していた朝鮮軍と日本の軍艦が衝突し、朝鮮半島情勢は不穏なものになります。翌1876（明治9）年、江華条約[*20]（日朝修好条規）によって日本は朝鮮の開国を実現しました。

佐藤―今は「江華条約（日朝修好条規）」と書きますが、私が中学生だった1970年代は「日鮮修好条規」という侮蔑的な表現だったものです。「朝鮮」の「朝」ではなく、下の「鮮」の文字を使うということは、70年代の日本が朝鮮半島を対等の国家と見なしていなかった証《あかし》ですよね。

　1876年の江華条約によって、日本は朝鮮に不平等条約を押しつけました。あの当時の日本は、不平等条約がいかに嫌なものか、痛いほどよくわかっていたはずです。その不平等条約を、朝鮮に対して平気で押しつけた。日本にとって帝国主義的な第一歩が、江華島事件と江華条約だったのです。

安部―明治時代が始まるまで、日本は「朝鮮は自分たちより下だ」と侮蔑《ぶべつ》してはいませんでした。

佐藤―江戸時代の日本に、朝鮮語を使える人はけっこういましたからね。反対に、朝鮮にも日本語がわかる人がいました。朝鮮半島と日本には、儒教[21]と仏教という共通の価値観があります。

安部―仏教とともに、実にさまざまな文化や芸術が朝鮮半島から日本に伝来してきました。

佐藤―だから少なくとも文化的には「朝鮮半島は日本の兄だ」と尊敬してきたはずです。それが明治時代に至って、逆に「これからは日本こそが朝鮮半島の兄だ。日本が朝鮮を保護してやらなければいけない」という発想に切り替わってしまったのです。朝鮮を対等のパートナーと見なさず、見下して自分たちの属国扱いしようとした。江華島事件と江華条約は、日本と朝鮮の関係を決定的に悪化させる最初のボタンのかけ違いでした。

■大東亜共栄圏の源流となった吉田松陰の獄中記『幽囚録』

安部―江華条約から20年前の１８５６（安政３）年、獄中に囚《とら》われていた吉田松陰《よしだしょういん》[22]は『幽囚《ゆうしゅう》録《ろく》[23]』という文書を書きます。この文書に、大東亜共栄圏構想の萌芽《ほうが》とも言うべき帝国主義構想があからさまに書かれているのです。

〈今急に武備を修め、艦略具《ほぼそな》え、礮《ほう》（「砲」と同じ意）略足らば、則《すなわ》ち宜《よろ》しく蝦夷《えぞ》を開墾して諸侯を封建《ほうけん》し、間に乗《じょう》じて加摸察加《カムチャツカ》・隩都加《オホーツク》を奪《かちと》り、琉球《りゅうきゅう》を諭し朝覲會同《ちょうきんかいどう》し内諸侯に比し、朝鮮を責め、質を納め貢《みつぎ》を奉《たてまつ》ること、古《いにしえ》の盛時の如《ごと》くし、北は滿洲《まんしゅう》の地を割り、南は臺灣《たいわん》・呂宋《ルソン》諸島を収め、漸《ようやく》に進取の勢を示すべし〉（※原文は漢文）

急いで軍備を整備し、北海道を開墾して諸藩主に土地を与えて統治させ、カムチャツカとオホーツクを勝ち取ったあとは、琉球、朝鮮、満州、台湾、ルソン諸島まで支配下に収めるべきだと吉田松陰は言っています。のちに明治政府が、そして大日本帝国がやったことはこれなんです。

佐藤――吉田松陰の『幽囚録』については、一般的にあまり知られていないかもしれません。この文書を読んで驚く読者が多いのではないでしょうか。

安部――今でも右派の人たちは「江華条約を結んだのは朝鮮の独立を守るためだったのだ」とか「朝鮮をロシアの圧迫から解放するためだったのだ」「あれは朝鮮にとっての手助けだったのだ」と言います。こういう言い方は完全に間違いです。吉田松陰の『幽囚録』に書かれていることを、明治政府は国是として進めていこうと考えました。だから1873（明治6）

年に「今だ！」とものすごい勢いで征韓論が沸き起こったのです。

■ペリーの黒船来航と帝国主義の時代

佐藤―１８５３（嘉永６）年、神奈川県浦賀沖にペリー*24の黒船が来航しました。江戸末期の日本人は「いよいよ帝国主義の時代が始まった。強い国を作らなければ日本は呑みこまれてしまう」と黒船の脅威に震えたはずです。ペリー来航があと40年くらいあとであれば、アメリカがフィリピンを侵略する様子を日本が目にしていたでしょう。フィリピンが置かれた姿を目にしたならば、日本はあんな甘い形で開国しなかったはずです。

安部―吉田松陰の『幽囚録』が書かれたのは、黒船来航から3年後の１８５６（安政３）年でした。

佐藤―情報量が限られているなか、しかも獄中に囚われながら、帝国主義の脅威を見越して日本のビジョンを『幽囚録』として打ち立てた。内容はともあれ、吉田松陰という人物に、時代を先取りして先読みする嗅覚が備わっていたことの証《あかし》です。

安部―とんでもない中身が書かれてはいますが、吉田松陰の洞察力はたいしたものだと感心します。

佐藤―江戸幕府が神田湯島に造った昌平坂学問所《しょうへいざかがくもんじょ》*25に比べれば、松下村塾《しょうかそんじゅく》なんてただの小屋ですからね。その寺子屋を主宰していた吉田松陰が、一人で国家百年の計を打ち立てたのはなかなかの眼力であり、優れたインテリジェンスです。

私は吉田松陰が入っていた牢獄《ろうごく》の跡地（山口県萩《はぎ》市の野山獄《のやまごく》）に行ったことがあります。びっくりするほど狭いところで驚きました。いったいあんなところに、何人の罪人を詰めこんでいたのか。酸素が欠乏するような劣悪な環境で、吉田松陰はじっと耐え忍んでいたはずです。

安部―功罪相半ばするとしても、傑出《けっしゅつ》した思想家、指導者であったことは間違いありません。吉田松陰は松下村塾で、『幽囚録』に書いているようなことを繰り返し繰り返し門下生に伝えたのでしょうね。松下村塾で吉田松陰が指導した期間は、たった2年でした。

佐藤―その間にあそこにいた門下生は、みんな吉田松陰の思想をバッチリ刷りこまれちゃったんですよね。

安部―そうそう。

佐藤―強力なマインドコントロールです。

安部―陽明学*26で言うところの「知行合一《ちこうごういつ》」です。

佐藤―「言っていることとやっていることをいっしょにしましょう」と。

安部―こういう教えを徹底的に刷りこまれたのですから、教え子たちは刃物が剝《む》き出《だ》しになったような鋭さだったことでしょう。

佐藤―大塩平八郎《おおしおへいはちろう》*27にしてもそうですけれども、日本の場合、陽明学は先鋭的な革命思想と結びついてしまうのです。在野で陽明学をやっている人たちは、権力者にとってはろくなことにならないですから。今でも右翼運動の周辺にいる極端な論者の中には、陽明学に傾倒している人が大勢います。

■江華島事件の真相

安部―江華島事件が起きた当時、日本は「江華島に給水に立ち寄ったら、いきなり朝鮮軍から撃たれた」と抗弁していたそうです。

佐藤―この説を今も唱える人がいますね。

安部―当時の記録を見ると、日本軍が江華島の沿岸測量に出たと書かれています。そんなことをすれば「これは主権の侵害だ」と見なされ、撃たれるに決まっています。撃たれることがわかっていながら、日本軍はわざと朝鮮を挑発して紛争を仕掛けました。「向こうからいきなり撃たれた」という体裁をどうやったら取れるのか。開戦のきっかけを探していたにすぎません。

　佐藤さんがおっしゃったように、1876（明治9）年に江華条約を結び、不平等条約を朝鮮に押しつけたのは乱暴な行為でした。日本が幕末に欧米諸国にやられたのと同じことを、朝鮮に押しつけたわけです。明治維新以後の明治政府の本質が、ここに現れているのではないでしょうか。

佐藤―自分たちがやられていちばん苦しかったことを、他人《ひと》の国に対して平気でやってしまう。暴力装置としての国家が陥りがちなパターナリズム（家父長主義）です。

安部―お父さんが子どものためを思って諭すように、良かれと思って自分の考え方を無理やり押しつける。これがパターナリズムです。

佐藤―「これは手術なのだ。手術だから痛いけど、あなたを生き残らせるために必要だから我慢しなさい」という思想なんですよね。ところが朝鮮にとってみれば、その手術はとんでもない生体解剖でした。

　1910（明治43）年には日韓併合[*28]によって国家が崩壊し、創氏改名《そうしかいめい》によって朝鮮人は名前を日本式に変えられます。日本語を使うことを強制され、民族の伝統もなくなり、日本の神様まで押しつけられてしまった。「これは文化的ジェノサイド（大量虐殺）だ」と未だに韓国人が憤《いきどお》っているのは当然です。

安部　それでもなお日本の保守派の人たちが、「あれは朝鮮にとって必要な手術だった」と言い張っているのは滑稽《こっけい》でしかありません。

第3章 「万世一系の天皇」という神話

大日本帝国憲法と教育勅語によって、
「万世一系」という天皇神話が成立。
国家統合のために宗教も必要とされた。
その本質と目的な何か。
10年に1度、戦争する好戦国家に
なった日本という国のかたちに迫る。

■大日本帝国憲法による「万世一系の天皇」の神話化

安部―１８８９（明治22）年、大日本帝国憲法が公布されました。第1条には〈大日本帝國ハ萬世一系《ばんせいいっけい》ノ天皇之《これ》ヲ統治ス〉と記されています。「万世一系」[*1]という思想体系のもと、天皇は神聖不可侵な統治権を総攬《そうらん》（＝一手に統合・掌握《しょうあく》）しました。この大日本帝国憲法と教育勅語は表裏一体です。あるいは軍人勅諭[*2]と三位一体《さんみいったい》であると言ってもいいでしょう。

佐藤―１８８２（明治15）年、明治天皇が陸海軍の軍人に軍人勅諭を発しました。１８９０（明治23）年には教育勅語が発せられます。教育勅語には〈我カ臣民《わがしんみん》克《よ》ク忠《ちゅう》ニ克《よ》ク孝《こう》ニ億兆心《おくちょうこころ》ヲ一《いつ》ニシテ世世《よよ》厥《そ》ノ美《び》ヲ濟《な》セルハ此《こ》レ我カ國體《こくたい》ノ精華《せいか》ニシテ教育《きょういく》ノ淵源《えんげん》亦《また》實《じつ》ニ此《ここ》ニ存《そん》ス〉と記されており、天皇と国家への「忠」が教育の目的とされました。

安部―大日本帝国憲法と軍人勅諭と教育勅語は、「日本をどういう国に作り変えるか」という当時の政府の意図に沿って書かれています。憲法草案を作る前に、伊藤博文《いとうひろぶみ》はヨーロッパで法体系《ほうたいけい》をじっくり勉強してきました。イギリス流の立憲君主制[*3]を採るのか。はたまたプロシア[*4]（ドイツ）流の君主制[*5]に近い形を採るのかをめぐって、日本国内で大議論が起こります。

プロシアの法学者から説明を受けたとき、伊藤は「日本もプロシア流でゆけば、天皇は議会にも世論にも左右されない。天皇が独自の権力を行使できる体制を作れる」と確信しました。その確信について綴《つづ》った手紙を、伊藤は山縣有朋《やまがたありとも》*6に送っています。伊藤の目的は完全に「万世一系の天皇」の神話化でした。大日本帝国議会なんて、つけ足しみたいなものなのです。

佐藤―天皇の大きさに比したら、大日本帝国議会なんて諮問《しもん》会議の延長みたいなものでした。

■ 岩倉具視のブレーン・井上毅の国家観

安部―大日本帝国憲法制定当時、法制局長官を務めていたのは井上毅《いのうえこわし》*7でした。岩倉具視《いわくらともみ》*8の憲法草案を起草した張本人は井上です。憲法制定の論議を進めるにあたって、井上はイギリス流の憲法について以下のような意見書を記しました。

〈行政ノ實権《じっけん》ハ、實《じつ》ニ議院ノ政黨《せいとう》ノ把握《はあく》の中ニ在《あ》リ、名《な》ハ國王ト議院ト主権《しゅけん》ヲ分《わか》ツト稱《しょう》スト雖《いえど》モ、其實《そのじつ》ハ、主権ハ専《もっぱ》ラ議院ニ在リテ、國王ハ徒《いたずら》ニ虚器《きょき》ヲ擁《よう》スルノミ、英國ノ語ニ（中略）國王ハ國民ヲ統率スト雖モ、自ラ國政ヲ理《り》セズト云《いう》ナリ、是《こ》れ其實形《じつぎょう》、中古《ちゅうこ》以來《いらい》、政治ノ実権ハ武門ニ歸《き》シタルト異《こと》ナルヿ《こと》ナシ〉（「憲法意見（第一）」明治14年6月）

佐藤―「行政の実権は議院の政党の把握の中に在り」。つまりイギリス流だと、議会が君主（天皇）より上に立ってしまう。イギリス流の議会政治は、我が日本ではとても受け入れられないというわけですね。

安部―ドイツ流だと、イギリス流とはだいぶ違うと井上毅は言います。

〈是《これ》ニ反《はん》シ普魯西《プロシア》ノ如《ごと》キハ國王ハ國民ヲ統《す》フルノミナラス且《かつ》國政ヲ理《り》シ立法ノ權《けん》ハ議院ト之《これ》ヲ分ツト雖《いえど》モ行政ノ權ハ專《もっぱ》ラ國王ノ手中《しゅちゅう》ニ在《あ》リテ敢《あえ》テ他《ほか》ニ讓予《じょうよ》セズ國王ハ議院政黨《せいとう》ノ多少ニ拘《かかわ》ラズシテ其宰相執政《そのさいしょうしっせい》ヲ撰任《せんにん》スルモノトス〉

佐藤―プロシアにおいては、「議院政党の多少にかかわらず、宰相と執政を選任する」。つまり、国王の決定権は絶対だというわけですね。

安部―井上毅は「日本はプロシアから学ぶべきだ」と決め、大日本帝国憲法の草案を起草して岩倉具視に託しました。

■ 教育勅語と軍人勅諭

安部―１８９０（明治23）年に出された教育勅語は、１９４５（昭和20）年の敗戦に至るまで教育に絶大な影響を及ぼしました。

佐藤―教育法とか教育基本法を制定するのではなく、「勅語」という形で天皇がダイレクトに教育に入りこんできました。人間の心、人間の内面を涵養《かんよう》する教育までも、国家が支配するのだという宣言です。「教育の国教化」と言い換えてもいいでしょう。

安部―事実上「教育の国教化」なのに、国教ではなく「慣習」という形で示しました。

佐藤―国教である「天皇教」の教義が、まさに教育勅語だと私は思います。軍人勅諭にしても教育勅語にしても、法的な体裁は取りません。「勅」という文字がつく文書は、法体系とは違う文脈でダイレクトに人間の心の中に入ってきます。

安部―まったくおっしゃるとおりです。要するに、教育勅語は天皇が生徒たち一人ひとりに直接語りかけているんですよね。

〈朕惟《ちんおも》フニ我《わ》カ《が》皇《こう》祖《そ》皇宗國《こうそうくに》ヲ肇《はじ》ムルコト宏遠《こうえん》ニ徳《とく》ヲ樹《た》ツルコト深厚《しんこう》ナリ我カ臣民《しんみん》克《よ》ク忠《ちゅう》ニ

克《よ》ク孝《こう》ニ億兆《おくちょう》心《こころ》ヲ一《いつ》ニシテ世世《よよ》厥《そ》ノ美《び》ヲ濟《な》セルハ此《こ》レ我カ國體《こくたい》ノ精華《せいか》ニシテ教育《きょういく》ノ淵源《えんげん》亦實《またじつ》ニ此《ここ》ニ存《そん》ス〉

教育勅語の主体は皇祖皇宗、つまり天皇家の歴史そのものです。この皇祖皇宗の徳を立てることに深い深い意味がある。

「徳」という字を当てているのがおもしろいところです。徳がある皇祖皇宗に対して、臣民はどう振る舞うべきか。天皇に「忠」を尽くし、親には「孝」を尽くす。これが美しい〈國體の精華〉であり、教育の源泉だというわけです。

教育勅語の最後には、こう書いてあります。

〈朕爾臣民《ちんなんじしんみん》ト倶《とも》ニ拳拳服膺《けんけんふくよう》シテ咸其徳《みなそのとく》ヲ一《いつ》ニセンコトヲ庶幾《こいねが》フ〉

佐藤―〈拳拳服膺〉とは現代では聞き慣れない漢語です。『日本国語大辞典』（小学館）では〈心中に銘記して常に忘れないこと〉と書かれています。天皇が発した教育勅語を、生徒諸君は心の中に銘記して常に忘れることなかれ。「諸君、私といっしょにやっていこう」という呼びかけです。

安部―ちなみに教育勅語の草稿を作ったのも、大日本帝国憲法の草稿を作った法制局長官・井上毅です。大日本帝国憲法と教育勅語は、同じ精神性をもった同一人物によって書かれました。

■相容れない「忠」と「孝」の矛盾

佐藤―根源的にたいへんなのは「忠」と「孝」が矛盾することですよね。「忠」とは国家に対する忠誠、「孝」とは自分の親に対する孝養です。親が日本共産党員だったらどうすればいいのでしょう。

安部―そういう家庭に生まれた人は、いきなり教育勅語の精神につまずいてしまう。歌舞伎の世界みたいな愛憎渦巻くドラマに苦しみます。

佐藤―韓国は儒教文化の国ですから、もともと「忠」よりも「孝」のほうが強いです。日本は朱子学[*9]の影響が強いですから、「忠」のほうが「孝」より上位なんですよね。こういった文化の違いがあるなか、植民地化した朝鮮半島と日本の両方で「忠」「孝」をまとめ上げるため、教育勅語のような文書に頼ってバランス感覚を保つことが必要でした。

最近、教育勅語が大きく話題になったのは、森友学園問題です。大阪の森友学園の中にある塚本幼稚園という私立幼稚園で、大きな声で園児に教育勅語を読ませる様子が話題を呼びました。野党の政治家やリベラル派の有識者は強く批判していましたが、私は教育勅語を読ませる幼稚園があってもいいと思うのです。

安部― 日本国憲法で言論・表現の自由が保障されていますしね。

佐藤― 森友学園の最大の問題は、籠池泰典《かごいけやすのり》さんが「神社は宗教じゃない」と言ったことです。「神道《しんとう》は宗教じゃない。だから教育勅語でいいのだ」というロジックは、戦時中に国家神道を正当化したロジックとまったく変わりありません。

籠池さんのような人にとって「神社、神道は宗教である」と言われるのがいちばん怖いのです。

安部―「臣民の道徳」ということにしてしまえば、これは特定の宗教ではない。普遍的な道徳だと言えてしまいます。

佐藤― 多元的な価値観の一つとして学校や幼稚園で教育勅語を扱うことまで、否定するべきではないと思うんです。教育勅語というテキストが日本の歴史の中で使われ、教育に大きな影響を与えたことはたしかな事実です。歴史的資料である教育勅語を教育現場で扱うことには、何の問題もありません。

ただし「神社は宗教じゃない」「宗教じゃないのだからみんな支持しろ」という言い方は危険です。籠池さんのようなやり方を看過《かんか》しておくと、あっという間に国家神道の正当化に結びついてしまいます。

■「主権在君」の教育勅語

安部―僕もこの機会に、一生懸命教育勅語を読んできました。

佐藤―教育勅語は〈朕惟フニ〉から始まります。

安部―教育勅語のいちばんの問題は、主権在民ではなく「主権在君」であることです。主権は国民ではなく、君主（天皇）にある。もう一つの問題は、皇国史観と神話をもとにしていることです。皇祖皇宗が大前提になっているということは、前提がファンタジーの世界なんですよね。

教育勅語の初めと終わりは問題があると思います。でも中に書いてある道徳律は、今日でも十分通用すると思いませんか。

佐藤―〈夫婦相和シ〉もそうですよね。夫婦は仲良くしていたほうが絶対いいですから。

安部―国家神道と教育勅語が結びつけられるのは大問題ですが、教育勅語の内容は頭ごなしに全否定されるべきではないと僕は近頃思っています。

佐藤―そこは私も同じ考えです。やはり腑分《ふわ》けして見なければいけません。天皇の神話化を進めながら、当時の日本人は教育勅語によって何を伝えたかったのか。そういった方向で教育勅語を読み解いていくことが重要だと思います。

そのうえで「教育勅語を現代に復活させて、これでもう一回教育を立て直す」という考え方はアナクロニズム（時代錯誤）です。

▪「万世一系の天皇家」という神話

安部―「万世一系の天皇家」という言い方は、神話でしかありません。昔から今に至るまで、天皇家の血筋が一度も途切れることなくまっすぐに続いてきた。そんなことはおよそ信じられません。

佐藤―まさに神話ですよね。武烈《ぶれつ》天皇[*10]と継体《けいたい》天皇[*11]問題について実証的に考えてみれば、神話の正統性はたちまち行き詰まります。『古事記』や『日本書紀』を読めば、普通は武烈天皇と継体天皇の間で別王朝ができたと考えるのが自然です。

それからもう一つ、「万世一系」という言い方はそもそも日本の家っぽくないんですよね。日本の家は、伝統的に養子を取ることを広く認めてきましたから。かたくなに血統しか認めないのは、天皇家だけじゃないでしょうか。

安部― そうでしょうね。

佐藤― 武烈天皇に子どもがいなくて、お世継ぎが見当たらない。そこでどうしたか。「たしか越後《えちぜん》のほうで、5代前に血がつながっている者がいたぞ」とか言って、とんでもなく遠い血筋の人間を連れてくる。やっていることが、考えられないほど場当たり的なのです。南北朝時代には、大覚寺《だいかくじ》統[12]と持明院《じみょういん》統[13]が真っ二つに割れて2人の天皇が誕生しました。あれだって場当たり的です。

■『愚管抄』と『神皇正統記』

佐藤― 「万世一系の天皇」という神話を考えるにあたって、慈円《じえん》[14]の『愚管抄《ぐかんしょう》』（鎌倉初期の1220年ごろ書かれた文献）と北畠親房《きたばたけちかふさ》[15]の『神皇正統記《じんのうしょうとうき》』（南北朝時代の1339〈延元《えんげん》4〉年に初稿本が成立した文献）を読み比べるとおもしろいです。

『愚管抄』には末法思想が入っていて、慈円は「天皇家はあと16代で滅びる」「これが定めなのだ」なんて書いています。

安部―今の天皇家は１２６代目ですから、『愚管抄』の見立ては大ハズレですね。

佐藤―それに対して『神皇正統記』では「幹が腐ったときには、枝が幹になっていく。それが武烈天皇、継体天皇なのだ」と書いてあります。さらに「易姓革命《えきせいかくめい》＊16思想は不変原則ではあるが、日本型に変容する」という考えに立っているのです。

頻繁《ひんぱん》に虹が出ると「不気味だ。この天皇から、すでに天の意志が離れているのではないか」と民衆が疑いを起こし、天皇は後釜に禅譲《ぜんじょう》する。あるいは力によって追い出して放伐《ほうばつ》する。放伐と禅譲という革命が、日本史の中で繰り返されてきました。

この革命を封印したのが伊藤博文たちです。そう簡単には改元できないように、生物学的な生と天皇を一体にしてしまいました。

安部―以来、今上天皇が崩御《ほうぎょ》しなければ改元もお代替わりもなされませんでした。

佐藤―ところが、どう考えても憲法違反のやり方によって、天皇が生前退位を宣言して上皇になってしまいました。生前退位という形で禅譲できるということは、理論的には放伐もありえます。明治維新から１５０年が経《た》ち、今再び日本に革命の思想が蘇《よみがえ》っているのかもしれません。

■警察官のマニュアル書「右翼の見分け方」

佐藤―教育勅語に関連する余談ですが、警察官の試験問題集や教科書を作っている立花書房という出版社があります。この出版社が『わかりやすい極左・右翼・日本共産党用語集』とか『極左暴力集団・右翼１０１問』というおもしろい本を出しているんです。

安部―それは興味深いですね。

佐藤―「右翼は決して我々の味方ではない。反社会的な勢力だ」なんて書いてあります。立花書房の本によると、右翼の見分け方は何か。アパートを訪問したとき、壁に教育勅語が貼ってあるかどうかがポイントだそうです。「潜在右翼はテロに発展する可能性がある。よく右翼を観察しなければいけない」。警察は今も民族派右翼の識別票として、教育勅語を使っているのです。

公安警察は乾いた発想の組織ですから、右翼の活動家といっしょに酒を飲むのは構わない。大物右翼だからと「先生」なんてオベンチャラを言って持ち上げることはあっても、腹の中では決して友人のようには思わないのです。

「彼らは極めて反社会的な集団だ。思想的に共通だとは思わないように」なんて注意書きが書いてあります。

公安警察官は、こういう本を読んで全部頭に入れておかなければいけません。警察当局の中では、極左過激派も民族派右翼も日本共産党も、要するに「社会から逸脱した集団」ということで全部一つのパッケージになっています。教育勅語は、当局にとって今もそういう使われ方をしているのです。

■国家統合のために必要だった宗教

佐藤―先ほどプロシアの話題が出ましたので、少し補足しておきます。プロシアでは、統治体制と宗教が密接に結びつきました。宗教戦争の結果、各領主が自分たちの宗教を選ぶことができたのです。

プロシアではプロテスタント、ルター派教会が国教的な位置を確保しています。政教は一応分離していることになっているので、ほかの宗教も存在はしたのですが、プロテスタントが圧倒的に力をもっていました。

明治期の日本も、国家を統合していくにあたって宗教の力、思想の力を必要とします。ところが氏神様を拝んでいるような土着の宗教では、とても国家全体を統合できません。権藤《ごんどう》成卿《せいけい》が言う「社稷《しゃしょく》」の発想だと、土地ごとに穫れる穀物が違いますから、地域ごとに神様が異なってしまうのです。

安部―「社」とは土地の神様、「稷《しょく》」とは五穀に宿る神様のことです。

佐藤―「社稷のネットワーク全体を束ねているのが天皇だ」というやり方では、あまり調子が良くない。あちこちでいろいろな種類の神様がいるのを認めてしまうと、帝国主義的な国家としてとても束ねられないのです。さらに言うと、毎年11月（旧暦の10月）になると、神様はみんな出雲大社《いずもたいしゃ》に行ってしまいます。

安部―穀物の収穫が終わって秋になると、全国各地の神様がみんな出雲大社に集まるんですよね。その伝説を信じる人々は、神様が出発する日に地元で「神送り」をし、神様が出雲大社から地元に帰ってくるころには「神迎え」という儀式をします。

佐藤―「我がほうの神様は、どうも全体を支配しているわけじゃないらしい。死後の世界は大国主神《おおくにぬしのかみ》[＊17]が司《つかさど》っているらしいぞ」なんてことを地元民が信じこんでしまうと、中央政府にとってはひたすら面倒くさいのです。

埼玉とか三多摩（東京都西部）のほうに行くと、氷川神社《ひかわじんじゃ》がたくさんあります。氷川神社は大国主神の系統です。こうなると、いったいどこの神様がいちばん偉いのかよくわかりません。すると天皇の存在なんて、あっという間に相対化されてしまうのです。「天皇を中心とする神の国」を作るためには、既存の神道とも伊勢《いせ》神道とも出雲神道ともまったく連続性がない、新しい宗教を作る必要がありました。

■「習俗」という隠れ蓑によって国教化された国家神道

佐藤―おもしろいことに、明治政府は「国家神道[*18]＝宗教」という形を採りませんでした。「神道を国教にしよう」というアイデアもあったはずです。でもあえてそうはせずに「神道は大日本帝国臣民の習俗だ」としたのです。「神道は宗教ではない。習俗だから、キリスト教であろうが金光教であろうが日蓮宗《にちれんしゅう》であろうが浄土真宗だろうが従え」というロジックを押しつけました。

「習俗」という形で、日本は事実上の国教を打ち立てていった。「習俗」という形で既存宗教をすべて束ねれば、宗派の違いを超越した特権的な地位をもてます。国家神道とは、実はいちばん怖い国教なんですよね。ですから戦後改革の中で最も重要な第1号指令は「神道指令」だったのです。

安部―ポツダム宣言[*19]が受諾されると、GHQ（連合国最高司令官総司令）はただちに「神道指令」

を発令して国家神道を解体しました。その結果、１９４６（昭和21）年2月に生まれたのが現在の神社本庁[*20]です。

佐藤―「習俗」という名目で事実上国教化された国家神道を、たくさんある宗教のうちの一つとして分離したんですよね。神道を国教の地位から外す仕事を第一に手がけた事実から、ＧＨＱの強い危機感がうかがえます。

余談ですが、21世紀の今、再び日本で「国教」が生まれる可能性はゼロではありません。日本共産党が連立政権の内部に入り、天下を取ったときです。彼らは科学的社会主義を信奉しています。「科学は誰もが認めますよね。ならばどんな宗教を信じている人でも、科学的社会主義を基本にして考えましょう」。このロジックは、国家神道を打ち立てたときとまったく同じ構成です。「科学という信仰」ですよ。

よくよく気をつけなければ、日本共産党のロジックを受け入れてしまう人が出てきてしまいかねません。「神道は習俗だ」と言われた戦前の日本人が「そのとおりだ」と受け止めてしまったわけでしょう。

「科学は中立的だ。価値中立的だ。その科学的社会主義のもとならば、どの宗教もみんな平《へい》和裏《わり》に共存できるんだよ」と言われると、意外と日本人は違和感を抱かず「そうかもしれないな」と受け入れてしまうのです。

■戦時中に靖国神社参拝を拒否した上智大学生

佐藤―国家神道の怖さは、「国教」ではなく「習俗だ」と言って前面に出てくることです。「二礼《にれい》二《に》拍手《はくしゅ》一礼《いちれい》は習俗だ。七五三も習俗だ。正月の初詣でや、お宮参りに行くのも習俗だ」。「習俗だ」という形で、超越的な宗教になってしまうのです。戦前のカトリックはそれをすんなり認めてしまいました。今でもカトリックは、靖国《やすくに》神社参拝はまったく問題にしません。「靖国参拝は民族の習俗だ」と認めているからです。

戦時中、暁星《ぎょうせい》中学校と上智大学の学生が靖国神社参拝を拒否しました。

安部―それは興味深い。国家神道に抵抗したキリスト教徒の学生がいたのですか。

佐藤―「朝日新聞」（2009年5月31日）に載った「宗教の昭和史」という記事をご紹介しましょう。

〈カトリック教会が戦争協力に突き進む転換点となった事件がある。上智大学生靖国神社参拝拒否事件だ。

『上智大学史資料集』によると、32年5月5日、軍事教練を担当する配属将校が予科2年生60人を率いて靖国神社に赴いた。その直前、学生数人がホフマン学長に相談に行き、「カトリック信者として行かないほうがよい」という返事を得た。そこで2、3人が参拝しなかった。

5カ月近くもたった10月1日、報知新聞が「靖国神社礼拝を学生が拒否　信仰的信念を固執」と報道。読売新聞も10月14日付で「配属将校引揚げ決意軍部憤激、文部省狼狽《ろうばい》」と報じて社会問題に。東京朝日も12月3日付夕刊から後追いした。

〈（略）日本は明治以降、神の子孫である万世一系の天皇が統治する「国体」（国がら）であるとして、国家神道をつくっていく。神道は宗教を超越する「祭祀《さいし》」とされ、靖国神社はその重要な支柱だった。

だがキリスト教は「私のほかに神があってはならない」と教え、神社参拝を偶像崇拝として禁じていた〉

安部―その後、参拝を拒否した学生たちはどうなりましたか。

佐藤―文部省は〈神社参拝は教育上の理由に基づく〉〈敬礼は愛国心と忠誠を現す〉という

見解を発表します。日本のカトリック教会は、バチカン（ローマ教皇庁）にお伺いを立てました。

安部―カトリックの総本山に「靖国神社参拝は是か非か」の見解を問うたのですね。

佐藤―するとバチカンから「靖国参拝は問題ない」という答えが返ってきました。

〈事件は1年半近い交渉の末、大学が屈服して決着。カトリックの全面降伏は、宗教界全体が国家神道にのみ込まれていく流れをつくった〉（同前、「朝日新聞」）

こうして暁星中学校と上智大学学生の参拝拒否騒動は曖昧なかたちで決着するのです。

■尊皇攘夷の思想に突き動かされて生まれた明治政府

安部―振り返ってみると、明治維新は尊皇攘夷《そんのうじょうい》運動[*21]そのものでした。幕府の体制を否定し、天皇中心の国家を新たに作る。明治政府は尊皇攘夷の理論をずっと引きずっていきました。

日本人の心の中に、天皇に対する尊崇《そんすう》の思いがあまねくあることを、幕末の為政者たちは実感していたはずです。「これは使える。人々の心の中にある尊皇の思いを利用しない手はない」。下級武士から為政者までのし上がってきた者は、所詮自分たちの実力と理論だけで国を動かすことなんてできない。そこで「天皇のために」という理屈を、国家構築の背骨にしました。

天皇を国家の背骨に据えたもう一つの理由は、国家を作るうえでものすごいスピード感が求められたことです。明治政府を立ち上げ、富国強兵を進め、殖産興業《しょくさんこうぎょう》を打ち立て、さらには海外進出までやり始める。それはもう大激動ですよ。これだけの仕事を同時に進めるためには、即断即決の政治が求められました。「天皇が決めました」「詔勅《しょうちょく》が出ました」「勅令、勅命が出ました」と次々に示すのが、政治手法として最も有効だったのです。

佐藤　安部さんのおっしゃるとおりです。大日本帝国憲法は、独裁者を生み出さないようにする仕組みでもありました。第４条には〈天皇ハ國ノ元首ニシテ統治權ヲ總攬シ此ノ憲法ノ條規ニ依リ之ヲ行フ〉と書かれています。すなわち天皇は統治権を総攬するものの、政府の機能はそれぞれの省庁なり裁判所なりに分散されているのです。

戦後に神社本庁を作った葦津珍彦《あしづうずひこ》という右翼理論家は、おもしろい説明の仕方をしています。「天皇は鏡だ。鏡に照らすことによって、自分の政策にやましさがないか確かめる仕組みなのだ」と。

■ヒトラーのような独裁者が日本で誕生しなかった理由

佐藤―ヒトラー[*22]のように絶大な権力を握る独裁者は、大日本帝国憲法のもとでは生まれませんでした。統治権を総攬するのは天皇一人ですから、最終的に別の誰かが権力を統合することはできないのです。この点について、片山杜秀《かたやまもりひで》さん（慶應義塾大学法学部教授）が『未完のファシズム「持たざる国」日本の運命』（新潮選書）という本で鋭い指摘をしていました。なぜ東條英機《とうじょうひでき》[*23]は首相だけでなく、陸軍大臣や参謀総長、軍需大臣などたくさんの役職を一人で全部兼任しなければならなかったのか。独裁者に一歩でも近づくため、自分一人で重要な役職を片っ端から引き受けるしかない。それでも東條は独裁者にはなれませんでした。

安部―大日本帝国憲法には、独裁を防ぐ仕組みが仕掛けられていたのですよね。

■『魏志倭人伝』で描かれる古代日本

佐藤―日本史をひもとくと、天皇は日本の政治文化と不可分であることがわかります。と同時に、政治文化が天皇の機能を強化してきました。相互作用が働いているのです。これはロシアがプーチンを生み出した流れと似ているかもしれません。

ロシアの政治文化は、スターリンやブレジネフ、プーチンのような強力な政治指導者を生み出してきました。こういうリーダーが登場することによって、ロシアの統治文化がよりいっそう強まるのです。

安部―「日本は単一民族の国だ」と発言して叩《たた》かれた政治家がかつていました。こうした場合、民族と人種の概念をはっきりと区別しておく必要があります。僕はよく「日本は多重複合人種の国だ」と言います。『魏志倭人伝《ぎしわじんでん》』には、日本は百余国が争う国であると書かれているのです。その百余国は、それぞれ人種が異なるに等しいほどの違いがありました。

これだけ多種多様な人種を、どうやって大和朝廷のもとで一つにまとめていったのか。天皇を中心とすることで多重複合人種問題を乗り超え、日本は「概念としての一つの民族」にまとまることができたのです。

こういう経験が、日本人のDNAの中に埋めこまれています。「とにかく天皇を中心に立てておけば、相互の争いを避けられる。調停役としても統治役としても、天皇という存在を最大限利用するべきだ」という智恵《ちえ》が、日本史の中で連綿と引き継がれてきました。

佐藤―中国が人種問題を乗り超えるために「我々は中華民族を作るのだ」と言っています。『魏志倭人伝』の時代の日本が大和朝廷のもとで統合したように、中国は今まさにネーション・ビルディングをやっているのですよね。

安部—それと同じことを、日本は天皇のもとで進めました。

■戦時中の国策映画「敵機空襲」

佐藤—明治時代の日清《にっしん》・日露《にちろ》戦争から大東亜戦争にかけて、日本は極端な国家主義に一気に流れました。他方で、日本人には意外とアナーキー（無政府状態）なところもあるのです。形の上では国家を強調しながら、実態はあまりよく考えていないだけなのかもしれません。

安部—アナーキーと申しますと？

佐藤—１９４３（昭和18）年に作られた「敵機空襲」という国策映画がおもしろいのですよ。上原謙《うえはらけん》、田中絹代《たなかきぬよ》、高峰三枝子《たかみねみえこ》という豪華キャストの松竹映画です。

アメリカがミッドウェー島に巨大基地を造り、新型飛行機を配備しました。この飛行機が帝都を侵攻する予定があるというのです。ところが日本の物量では、とうていアメリカの攻撃を防衛できません。ちなみに映画のロケ（撮影）では、日本軍が実際に捕獲したB-17戦闘機が使われています。

安部—帝都侵攻の計画を察知した日本は、どのような対策を採るのですか。

佐藤―政府が中心となって、隣組を使って防空壕《ぼうくうごう》を掘ることを奨励するのです。金持ちは金一封を出すかわりに作業をサボり、防空演習も防空壕掘りもやろうとしません。防空壕を掘りながら音《ね》を上げて「一服しましょうや」とサボろうとするおじさんもいます。土地転がしで金儲《かねもう》けをする悪徳ブローカーもいたりして、人々は総動員体制に前向きに協力しません。とんでもない状態なのです。

いざ米軍が攻めてくると、最初は高射砲で迎撃《げいげき》し、最後は飛行機が体当たりまでして第1波を全部追い払いました。物量があるアメリカは、じきに第2波を送ってきます。すると日本にはもう飛行機もない。高射砲も当たらない。銀座の服部《はっとり》時計店（現在「和光」の時計塔がある場所）とかあのへんが完全に火の海になって、破壊され尽くされてしまう。

なのに下町のおじさん連中は、こんなふうに虚勢を張ってケラケラ笑っているのです。

「町の様子はどうなんでしょう」

「壊れたところはどんどん直して、みんな元気でいつもと変わりありませんよ」

「そうでしょうな。1回や2回の空襲なんて、クソくらえだ。ハッハッハッ！」

安部―それは観《み》てみたいなあ。

佐藤―アマゾンで検索すると、1000円台でDVDが買えますよ。空襲で町がメチャクチャに破壊される場面は、円谷《つぶらや》プロダクション出身のスタッフが、ゴジラやウルトラマンばりにとてもリアルに作っていて見ものです。

戦時中の国策映画は、単なるプロパガンダ映画でもなくておもしろいのです。おもしろくないと誰も観ませんからね。東京で銀座がメチャクチャに破壊されて、これでもかこれでもかというひどい情景が出てきます。アメリカのほうが圧倒的に強いのに、「へへへッ」と笑いながら客は映画を観るのです。地上での防空演習も防空壕掘りも何の意味もなしていなかったのが、１９４３（昭和18）年11月の日本の悲しい実態でした。

内閣情報局が当時この国策映画を作った理由は「なに、これしき」と民衆に希望をもたせるためだったのでしょう。あの映画に描かれている姿が、当時の民衆の実態だったのだと思います。

■「愛国者もどき」「防空演習もどき」「隣組もどき」

佐藤——本書ですでに触れたとおり、権藤成卿は「社稷は国家が形成される以前の日本の姿だ。それぞれの土地同士のネットワークのハブ（＝車輪の中心部、中核）が天皇なのだ」という論陣を張りました。この論陣は意外と強いと思うのです。

安部―もともと日本は、国家主義とはおよそ縁遠い、バラバラな国家でした。そのバラバラな国家を無理やり一つにつなぎ留《とど》めたのが「万世一系の天皇」という神話なんですよね。

佐藤―戦前になぜ「国のために」云々《うんぬん》とやたらと強調したのか。「国のために、自分の命も家族の命も財産も全部捧《ささ》げよう」と思っていた人なんて、どこにもいなかったからです。

安部―さんざん動員をかけてようやく人が動く。万単位の人間が、自発的に国家のために駆《く》動《どう》するわけがありません。「国を愛せ」という同調圧力が働き、人が動く。圧力に突き動かされて無理やり体が動くというよりも、「同調意欲」なのでしょうね。まわりに合わせて動いていれば、なんとなく心地良い。「同調したフリをしているだけ」と言ってもいいかもしれません。

佐藤―みんなフリをする「もどき」みたいな感じです。みんなが「嫌だなあ」と思いながら「愛国者もどき」「防空演習もどき」「隣組もどき」をやっている。この雰囲気ですよね。ただし教育は恐ろしいのです。尋常小学校が国民学校に変わってものすごい愛国教育をやっていくと、若い子どもたちは「もどき」から本気の愛国者に変貌するのです。

安部―戦前の子どもたちは、かなり本気だったでしょうね。天皇崇拝に早く同調した子どもは、みんなの前で先生から表彰されて褒美《ほうび》までもらえました。

佐藤――ＰＴＡの役員なんて、今も「もどき」ではないでしょうか。戦時中の日本社会も、ＰＴＡの役員を決める全体会議みたいな感じだったと思うんですよ。

安部――会長とか副会長に祀《まつ》り上げられたら大忙しになってえらいことだから、横目でうかがってリーダー格っぽい人に役回りを押しつけちゃう。自分はラクをしたい。

佐藤――「私がやります！」と先に手を挙げて端っこのほうの暇そうな役職を取っちゃって、とにかく何かやっているフリをみんなの前で示したい。謝恩会委員長だとか何だとか、仕事が多そうな役職は絶対に避けたい。日本人は、本質において不真面目なところがあるのです。でもこの不真面目なところがあるおかげで、日本はドイツみたいな生真面目なナチズム国家みたくなりませんでした。民衆の実態と建前が乖離《かいり》した、変なファシズムが日本で横行していったのです。

安部――今の日本の政治家の中にも「国民は信用できない」「あいつらは『もどき』なのだ」というシニカル（冷笑的）な見方の人がいるんじゃないでしょうか。明治維新期の政治家は、もっとシニカルだったと思います。

天皇を擁《よう》して政権を取った結果、かつて自分の上役だった人間や殿様は、突然庶民になってしまいました。そういう人と顔を合わせたときに、どう振る舞えばいいのか。

それでもなお自分たちの政権を作っていくためには、どうすればいいのか。明治維新期の政治家は、天皇側に接近せざるをえない心理状態に追い詰められていったのでしょう。

第4章 甲午農民戦争と日清戦争

甲午農民戦争によって、日清戦争の端緒が開かれた。
衰えゆく清国、台頭する日本、
南下政策を目論むロシアの三つ巴の戦いが、
朝鮮半島をめぐって繰り広げられたのだ。

■日清戦争の引き金になった甲午農民戦争

安部―1894（明治27）年、日本は実に絶妙なタイミングで巧妙に日清《にっしん》戦争を引き起こしました。開戦への決定的な引き金は、甲午農民戦争《こうごのうみんせんそう》です。

佐藤―かつて学校の教科書では「東学党の乱《とうがくとうのらん》」と呼ばれていました。「東学」[*1]とは、「西学《せいがく》」[*2]（天主教＝中国や朝鮮に流入したカトリック）に対抗して朝鮮で打ち立てられた新宗教です。

安部―李氏朝鮮《りしちょうせん》時代の官僚である両班《ヤンバン》の崔済愚《チエ・ジエウ》[*3]が、儒教や仏教や道教をミックスして1860年に東学を創始しました。「東学党」という政党や結社が内乱を引き起こしたわけではなく、運動の中心に東学のリーダーがいただけなので、今の教科書では「東学党の乱」という呼称は使われていません。

佐藤―朝鮮政府に反発する民衆が、甲午農民戦争を引き起こして蜂起《ほうき》しました。ジャパンナレッジ版の『日本大百科全書 ニッポニカ』（小学館）で「甲午農民戦争」の項《こう》を引いてみましょう。

〈当時、朝鮮の民衆は、朝鮮政府の財政危機を取り繕うための重税政策、官僚たちの間での賄賂《わいろ》と不正収奪の横行、日本人の米の買占めによる米価騰貴などに苦しんでいた。それにまた、１８９０年代の初めには干魃《かんばつ》が続いて未曽有《みぞう》の飢饉《ききん》に悩まされていた。これに耐えかねた農民たちが、日本への米の流出の防止、腐敗した官吏の罷免、租税の減免を要求して立ち上がったのがこの戦争の始まりである。指導者には、急速に教勢を拡大していた民衆宗教である東学教団の幹部であった全琫準《チョン・ボンジュン》や金開南《キム・ゲナム》らが選ばれた。そのため東学党の乱とよばれたこともあった〉

ちなみに甲午農民戦争の「甲午」とは、十干と十二支を組み合わせた60年に1度の「きのえうま」（１８９４年）を指します。

安部―１８９４年５月、武装蜂起した農民軍は全羅道《チョルラド》全土を制圧しました。すると朝鮮政府は清《しん》国に助けを求めます。清軍が要請を受け入れて朝鮮に派兵すると、日本軍も朝鮮に派兵しました。あわてた朝鮮政府は農民軍と和解します。日清戦争開戦の口実がほしかった日本は、やれ「朝鮮政府は内政改革をしろ」だの「在留邦人を保護する」だの理由をつけて軍勢を駐留させていました。こうして甲午農民戦争のドサクサに紛れ、１８９４年７月に日清戦争が始まります。

佐藤――日清戦争を仕掛けると同時に、日本は朝鮮の植民地化を進めました。いったん落ち着いた農民軍は再び武装蜂起するものの、日本の傀儡《かいらい》と化した朝鮮軍と日本軍が相手では勝ち目はなく、武装蜂起は結局鎮圧されます。

■「吉田松陰ドクトリン」

安部――西学に対抗しようと打ち立てられた東学は、「和洋を排斥するのだ」というスローガンを叫びました。「なんとしても朝鮮を守らなければならない」という先鋭的なナショナリズムの発露です。なぜ朝鮮でこうしたナショナリズムが勃興《ぼっこう》したのでしょう。朝鮮という国家全体が、帝国主義の波によって翻弄《ほんろう》されていたからです。

特に隣国の日本は、明治維新以来「朝鮮半島を支配するのだ」という大方針を掲げて朝鮮を虎視眈々《こしたんたん》とねらっていました。

佐藤――第2章で安部さんが、吉田松陰《よしだしょういん》の『幽囚録《ゆうしゅうろく》』について詳しくご紹介されました。

安部――日清戦争から40年近く前の1856（安政3）年の段階で、吉田松陰はすでに確信犯的な強さで朝鮮半島を取りに行こうと構想しています。

「西欧列強の東アジア進出がありましたから」とか「ロシアの南下政策[*4]がありましたから」

とか、あるいは「清国の近代化への無理解がありましたから」という理由で、日本が朝鮮半島へ侵攻したわけではありません。列強の帝国主義競争に日本も打って出て、明確に植民地支配を目指していたのです。

佐藤―第2章で語り合ったとおり、１８７６（明治9）年に日本は朝鮮と江華条約（日朝修好条規）を結びました。

安部―周到な準備を重ねたうえで、朝鮮に不平等条約を認めさせたわけです。そこから日本と朝鮮の貿易が始まり、日本は朝鮮半島から大量の穀物を買い占めました。かわりに劣悪な綿製品を売りつけたりして、朝鮮半島の農民が困窮《こんきゅう》する経済状況を作り出します。こうした流れがあったうえで、経済的に困窮した農民が必然的に蜂起しました。19世紀後半に日本が歩んだ帝国主義路線は、まさしく「吉田松陰ドクトリン」（＝政治、外交、軍事などの基本原則）です。

佐藤―獄中で松陰が構想した「吉田松陰ドクトリン」に基づいて、松陰の門下生たちは帝国主義路線を主導していったわけですね。

安部―今プーチン大統領は「ネオ・ユーラシア主義」とも言うべき「プーチンドクトリン」に基づいて、ウクライナへ侵攻しています。明治期の日本も、今のロシアのように「先に方針ありき」「先にドクトリンありき」で植民地支配に突き進んだと見るべきではないでしょうか。

■清国とロシアと日本　三つの帝国主義国の戦い

佐藤―帝国主義国家であるロシアは、不凍港を確保するために徐々に南下政策を進めていきます。日本が西側の大陸へ向かう足がかりとして、すぐ隣には朝鮮半島がありました。半島とはまさに半分が島、半分が海です。地政学的に見ると海洋国家的な要素と、大陸国家的な要素の両方があります。バルカン半島もそうですけれども、帝国主義的な戦いにおいて、半島はまさに境目になるのです。

安部―日本と清国とロシアが三《み》つ巴《どもえ》でつばぜり合いをするなか、真ん中にいる朝鮮は帝国主義国家の緩衝《かんしょう》地帯、というよりも草刈り場にされてしまいました。

佐藤―イギリスとのアヘン戦争*5（1840～42年）で敗れたものの、当時の清国は依然として巨大な帝国です。いわゆるネーション・ステート（国民国家、民族国家）ではありませんが、清の王朝に対する忠誠によって、広大な領域が維持されていました。定遠《ていえん》や鎮遠《ちんえん》（いずれもドイツ製の鋼鉄戦艦）を見てもわかるように、彼らは最新の戦艦も備えた軍事大国です。

衰えゆく清国、台頭してくる日本、虎視眈々と朝鮮半島への影響力拡大をねらうロシア――朝鮮半島をめぐって、帝国主義国が三つ巴の戦いを繰り広げました。

安部―帝国主義国同士が朝鮮半島を舞台に真っ向からぶつかり合い、まさに喰《く》うか喰われるかの熾烈《しれつ》な覇権争いを繰り広げたのです。

佐藤―日清戦争で清国を破ってしまえば、ただでさえアヘン戦争で力をそがれた清国に、もはや帝国主義国としての力は残りません。ならば清国も朝鮮も喰い物にしていっしょに呑《の》みこんでしまえ。当時の日本の為政者たちはそんな獰猛《どうもう》な心境だったのでしょう。

日本が開国した時点では、朝鮮の国力は日本の国力を上回っていました。歴史的に、中国の文化が朝鮮半島を経由して日本に伝来したわけです。経済力も軍事力も、文化・芸術の力においても、朝鮮半島は兄であり日本は弟でした。

安部―ところが日清戦争後、兄弟の関係が破壊されてしまいます。

佐藤―それまで日本は不平等条約を押しつけられてひどい目に遭《あ》ってきたにもかかわらず、日本は自分たちがやられてきた嫌なことを真似《まね》して、そのまま朝鮮に押しつけました。「居留民保護」なんて、戦争と植民地支配に乗り出すための表面上の理由でしかありません。

■日清戦争とウクライナ戦争

佐藤　プーチン大統領は「ドネツク州やルガンスク州で暮らすロシア人居留民を保護するのだ」という名目でウクライナへ侵攻しました。これこそまさに帝国主義国の常套《じょうとう》手段です。逆に裏返して言うと、「居留民保護」のような口実を作らせないことが、国際関係では非常に重要なのです。

甲午農民戦争のようなことがあって州なり道が統治不能になれば、「居留民保護が必要だ」という名目は客観的に正当性があるように見えてしまいます。

なにしろ、2014年にロシアがウクライナ東部に軍事介入してから、22年2月24日のウクライナ侵攻が始まるまでの間で、国連の発表によるとドネツク州で1万4000人もの人が死んでいるのです。

ウクライナ政府軍を含むウクライナ系住民と親ロシア派武装勢力を含むロシア系住民を合わせて1万4000人ですから、ざっくり言って半分はロシア系でしょう。プーチン大統領にとってみれば「同胞が7000人も殺されたのに黙っていられるか」という理屈になるわけです。

安部―そんな状況を座して放っておけば、愛国者たちから突き上げられてプーチン政権はもちません。日清戦争前の状況と今のロシア・ウクライナは、構図がすごく似ていると思います。日清・日露《にちろ》戦争の帝国主義の時代に、今の世界状況は戻りつつあるのではないでしょうか。

佐藤―その意味で、今の国際政治学者は見方がズレているのです。国際政治学者は「1945年に作られた国連の体制が機能しなくなった」と言います。歴史を多少俯瞰《ふかん》できている人でも「第1次世界大戦後のヴェルサイユ体制[*6]、国際協調主義を目指した1918年の体制が機能しなくなった[*7]」という議論をしている有り様です。

我々はもう少し前まで目線を戻したほうがいい。ただし関ヶ原の戦い（1600年）まで戻る必要はありません。日清戦争の直前に目線を戻して、現下の国際情勢を考えるべきではないでしょうか。ロシアとウクライナの緊張、そして台湾海峡をめぐる緊張は、日清戦争の直前と近似しているのです。

■朝鮮半島と日本「兄と弟の関係」が逆転した瞬間

安部―中世以来、中華帝国は宗主国として東アジアの中心に君臨してきました。朝鮮と日本という周辺国家は、宗主国のもとへ朝貢《ちょうこう》を捧《ささ》げる属国だったわけです。朝鮮から見ると、同じ朝貢国である日本は自分たちよりも格下でした。だから日本との関係で朝鮮にとって困ったことがあると、まず最初に宗主国である清国に頼ったのです。

1885（明治18）年、日本は清国と天津《てんしん》条約[*8]を結びました。日清戦争の9年前です。前年の1884（明治17）年、朝鮮の独立派がクーデターを画策しました（甲申《こうしん》事変[*9]）。このクーデターが収束したあと、清国と日本は天津条約を結んで朝鮮からの撤退を約束します。「清や日本が将来朝鮮に出兵するときには、相互に事前通告するように」という約束も決めました。

朝鮮にとってみれば「庇《ひさし》を貸して母屋《おもや》を取られる」ような手の打ち方をずっとされてきたのです。この手の打ち方は、見方によってはとても汚い。

善か悪かで言えば、これは決して善ではありません。正当か不当かと言えば、このやり方は不当です。でも当時の帝国主義的な「喰うか喰われるか」の戦いにおいて、日本のやり方は巧妙だったという評価もできます。

佐藤　無法にデタラメをやってきたわけでもなく、一応は約束に基づいて少しずつ朝鮮半島に進出していったのですよね。でも「平和を維持する」という名目なんて、帝国主義的に読み替えればすぐさま「侵略」にすり替わります。天津条約を作った１８８５年時点と比べると、日清戦争までわずか10年足らずで、日本の国力は飛躍的に伸びました。文書で交わした約束なんて、国力が変われば時代とともに性格が変遷《へんせん》するものです。

安部―そこを日本人はほとんど理解していないのではないでしょうか。国際情勢をめぐるマスコミの論調では、よく「過去にこういう約束をしたじゃないか」と言いますよね。国同士の約束は、残念ながら永遠に安定的であるわけではありません。

佐藤―国と国との合意文書は生き物なんですよね。植物の種をまいたあと、水をあげたり肥料を与えて面倒を見なければ、枯れてしまいます。条約を作りっぱなしで放っておくのではなく、そのあときちんと水をやり、肥料を与える。政治家と外交官は、こういう作業を怠《おこた》ってはいけません。

「この証文があるから」と言ったところで、実態がすでに動いてしまっていたら、過去の文書の解釈なんて通用しなくなってしまうのです。

■北朝鮮に存在する東学の政党

佐藤―ところで、東学って今も存在するのをご存知ですか。

安部―えっ、甲午農民戦争のときにぶっ潰されて、教祖の崔済愚や2代目の崔時亨《チェ・シヒョン》*10は処刑されたんじゃないですか。

佐藤―実《じつ》は北朝鮮に「天道教青友党」*11という東学の政党があるのです。東学の一派が、甲午農民戦争のあとに天道教という宗教を興《おこ》しました。この勢力は、1919（大正8）年の三・一独立運動*12で中心となったナショナリスティックなグループです。

安部―北朝鮮に東学の宗教政党があるとは知りませんでした。

佐藤―「Naenara」（ネナラ＝朝鮮語で「我が国」という意味）という北朝鮮の公式サイト（http://www.naenara.com.kp）にも出ています。このサイトの記事は日本語で読めるので便利です。意外と知られていないのですが、北朝鮮の政治体制は一党独裁ではありません。

安部―金正恩《キム・ジョンウン》委員長の朝鮮労働党以外に、野党があるのですか。

佐藤―野党というよりも朝鮮労働党の協力政党です。北朝鮮には朝鮮労働党のほかに、朝鮮社会民主党と東学の天道教青友党がありまして、複数政党制なのです。東学を信じる人たちは、南側の韓国にもいます。東学の統一戦線戦略を、南北でつなげていこうとしているのです。韓国だけでなく、北朝鮮においても東学は民衆宗教として非常に肯定的に評価されています。

安部―キリスト教に基づいたヨーロッパの宗教（西学）に対して、朝鮮固有の宗教（東学）がナショナリズムを駆動しているのですね。

■旧統一教会の文鮮明と北朝鮮の金正恩

佐藤―朝鮮半島のナショナリズムの問題は、実は今の旧統一教会問題とも関係しています。旧統一教会（現在の世界平和統一家庭連合）は韓国では財閥と見られていまして、日本ほど激しく悪評が立っていません。

安部―韓国の旧統一教会は、日本で行っているような高い壺《つぼ》を売りつけたり、強引な献金活動をしていないそうですね。

佐藤―『天聖経』といった聖典は、韓国版と日本版でだいぶ値段が違います。日本では１冊400万円とか3000万円とか、とんでもない値段で信者に売りつけられていました。要するに「日本は朝鮮半島を植民地支配してきた。日本はエバ国家であり、原罪を背負っている。韓国はアダム国家なのだから、エバ国家である日本は韓国に貢《みつ》がなければいけない」。旧統一教会の根っこにあるのは、強力な朝鮮ナショナリズムなのです。

2022年は旧統一教会の創始者である文鮮明《ムン・ソンミョン》の死去10周年でして、金正恩委員長は遺族に弔電を送りました。弔電を送ったのはこれが初めてではなく、死去3周年のときにも弔電を送っています。朝鮮中央通信（＝北朝鮮の国営通信）は、文鮮明が金正日《キム・ジョンイル》総書記に１００個以上も贈り物を贈ったと敬意を表したこともありました。

旧統一教会を「国際勝共連合」「反共（勝共）イデオロギー」という切り口だけで見ると、事柄の本質を見誤ります。

１９９０年、文鮮明は当時社会主義国だったソ連に行ってゴルバチョフ大統領と会談しました。91年、文鮮明は北朝鮮の金日成《キム・イルソン》＊13主席とも会談しています。この教団の本質は、強力な朝鮮ナショナリズムなのです。

安部―19世紀末、日清戦争前後から20世紀初頭にかけての朝鮮ナショナリズムは、今も激しく燃え上がっているわけですね。

佐藤―おっしゃるとおり、今につながっていると思います。宗教学的に見ると、キリスト教が長い時間をかけて朝鮮半島で土着化し、一種の発展を遂げたのが旧統一教会なのです。日本による植民地支配の遺産が、韓国と朝鮮でねじれた形で残り続けている。そんな見方もできるかもしれません。

だから「韓国の信者からは無茶な収奪はしない。日本の信者からはいくらでも収奪してかまわないのだ」というやり方がまかり通っているのでしょう。

一部の世論の中に「旧統一教会は、韓国にこんなに貢いでしまう反国家（＝日本）的な宗教団体だ。だから規制を加えなければいけない」という議論が素朴に出てきています。あるいは「自民党は左派による自虐史観をずっと批判してきたにもかかわらず、なぜこんな韓国中心主義者たちから選挙支援を受けているのだ。自民党は無原則だ」という発想は、非常に危険です。

宗教の由来をたどれば、仏教のルーツはインドですよね。キリスト教は、中東に起源をもち、ヨーロッパやアメリカ経由で入ってきた外来宗教です。

安部—「外国に拠点があり、我が国益を毀損《きそん》する宗教は認めない」という考え方を素朴に受け入れていたら、世論はたちまち排外主義へと傾くということですね。

佐藤—そうだと思います。ナショナリズムと宗教について考えるときは、民族化した宗教と世界宗教をいっしょくたにしない分節化が重要なのです。

■先制攻撃は日本の御家芸

安部—１８９４（明治27）年４月26日に甲午農民戦争が勃発すると、日本は６月２日に朝鮮出兵を決定しました。すると翌6月3日には、朝鮮が清国に出兵を要請します。6月16日、日本は清に甲午農民戦争の共同討伐を提起しますが、断られました。

7月16日には、日本とイギリスが日英通商航海条約[*14]を結びます。これによって、幕末以来続いてきた領事裁判権の廃止に成功しました。不平等条約の一部を撤廃したイギリスには「今のうちに日本に接近しておき、ロシアの台頭を牽制《けんせい》しよう」という目論見《もくろみ》があったはずです。

これによって自信を得た日本は、7月23日に朝鮮王宮を占領し、7月25日には日本艦隊が豊島《フォンダオ》沖で清国の艦隊を攻撃しました。日清戦争の開戦です。

佐藤―まず先制攻撃をし、あとから宣戦布告するのは日本の伝統です。日露戦争のときもそうでしたし、パール・ハーバー（真珠湾《しんじゅわん》攻撃[*15]）のときもそうでした。

帝国主義国の草刈り場にされる緩衝国家

安部―なぜ先制攻撃してまで日清戦争を起こさなければならなかったのか。当時の外交状況をよく見ておく必要があります。「甲午農民戦争を収める」という名目で、日本は朝鮮に出兵しました。すると清国も朝鮮へ出兵します。この状況を打開するため、朝鮮政府は東学を中心とする農民軍と和解しました。
　朝鮮国内の内戦状態が和解に至ったからには、他国が出兵する理由がありません。そこで清国は兵を引きました。ところが日本は「この状態ではまだ兵を引けない。朝鮮にいる日本人の居留民保護が必要だ」とか「不安定な朝鮮が内政改革を成し遂げないことには、日本は兵を引けない」という理屈を立てたわけです。
　ロシアは「それは朝鮮に駐留を続けて、いずれ侵略するための口実ではないか。朝鮮政府が『撤兵してくれ』と求めているのだから、あなたたちは兵を引かなくてはいけない」と7月2日に勧告しました。すると日本は「いや、日本は決して朝鮮を侵略するつもりはありません。国内が収まれば兵を引きます」と約束して、勧告を拒否します。

佐藤―その約束はウソでした。

安部―このまま何事も起こらなければ、日本の立場はとてもまずくなります。6000～7000の兵を出兵させて朝鮮に駐留させていたのに、何もしないで帰ってくればどうなるでしょう。当時の伊藤博文《いとうひろぶみ》内閣は「弱腰外交だ」「なんで日本は、いつまで経《た》っても不平等条約を完全に改正できないのか」と野党と反政府勢力から責められて、窮地《きゅうち》に陥りかけていました。

陸奥《むつ》宗光《むねみつ》*16外務大臣は「ここらで何か起こらないことには政権が危ないぞ」「このまま兵を引くわけにはいかないぞ」と危機感を抱きます。そして「何でもいいから開戦の口実を作ろうじゃないか」という状況に立ち至っていきました。

佐藤――おっしゃるとおりです。１８８６（明治19）年、ロシアは朝鮮と「何かあったときにはロシアが朝鮮を守ってあげよう」という密約を結びました。清は朝鮮の宗主国であるにもかかわらず、清が弱体化すると見るや、ロシアが宗主国を押しのけて朝鮮半島に入りこんできたのです。

イギリスはその動きを察知しました。「ロシアの動きを牽制するためには、日本を味方につけなければいけない」と考え、先ほど安部さんがおっしゃったように日英通商航海条約を調印したのです。イギリスの思惑《おもわく》は「日本をロシアの防波堤として利用しよう」という展望でした。

いずれにせよ、干渉されている当事国である朝鮮のことを、清もロシアも日本もみんな無視しているわけです。

安部――今のウクライナ戦争と似ていますね。

佐藤――ええ、似ています。複数の大きな国に挟まれた国は、どうしても緩衝国家になってしまうのです。うまい政策を採らなければ、帝国主義国の草刈り場にされてしまいます。

安部―朝鮮がまさにそういう立場にありました。

佐藤―だから裏返して言うならば、清とガシッと組むのか。ロシアとコッソリ秘密条約を結ぶのではなくて、ロシアと正面からガシッと同盟条約を組むのか。あるいは日本と同盟条約を組むのか。このうちのどこかの1本で関係を結べば、あの危うい状況を切り抜けられたかもしれません。

あるいは、この時代はまだそんなに流行していませんでしたが、スイスみたく武装中立を宣言してしまう道もありました。いかなる国との宗主関係ももたず、同盟条約ももたない。そう宣言すれば、どの国も朝鮮にそうそう手は出しにくかったかもしれません。

■わずか10年で帝国主義的なゲームを覚えた日本

安部―第2章で、大院君《だいいんくん》の失脚と閔妃《びんひ》虐殺事件について語り合いました。当時の朝鮮国内が一枚岩ではなく、国内の世論が分かれて不安定だったことも、他国につけ入れられた決定的な要因です。

佐藤―朝鮮の国内は、親日派と親ロ派、親中派と三つに分かれていました。そこに外国の勢力を取り入れながら権力闘争をやっていったことが、朝鮮が失敗した原因です。

明治維新当時の日本にも、列強勢力が露骨《ろこつ》にくちばしを挟む動きがありました。倒幕派に押される幕府を、フランスが応援しようとしていたのです。もしフランスが本格的に幕府を応援してくれれば、幕府軍は薩摩《さつま》と長州《ちょうしゅう》をやっつけることができたかもしれません。しかし幕府は、フランスとベッタリくっつくことはしませんでした。

安部―そんなことをすれば、徳川幕府がフランスの傀儡になってしまう可能性がありました。

佐藤―薩摩と長州は、イギリスに協力を仰いでいます。ただし、ある一線を超えてイギリスにつけ入らせることは避けました。

日本のキリスト教布教の歴史を見ても、「一線を超えない」という観点が重要です。南北アメリカへ布教に訪れたカトリックのミッション（伝道団）は、キリスト教を布教しつつ、先住民の土地を平気で収奪してきました。日本へ布教にやってきたカトリックも、幕府が扱いを誤っていれば、日本を植民地支配する手先になっていたかもしれません。

安部―この点は、『対決！日本史』シリーズの第1弾（「戦国から鎖国篇」）で詳しく語り合いましたね。

佐藤―ちなみに、植民地支配の手先という側面があるカトリックとは違って、日本のプロテスタントは早くから「自治・自給・自伝」を標榜《ひょうぼう》しています。本国の教会から政治的、経済的に自立し、外国に依存せず伝道する方向を志向してきました。それだけに、日本でプロテスタントは大きく広がらなかったわけですが。

安部―国内が一枚岩ではなく、政治的に安定していなかったのは、朝鮮に限らず清国も同じでした。朝鮮にも親日派がおり、日本に亡命した人もいたわけです。日清戦争開戦直前の7月23日、日本は清国と親しかった大院君を使い、王宮を占拠して閔妃派を追い出しました。こうして形だけの親日政権を作ります。

自分たちが露骨には表に出ず、清国と朝鮮のパワーゲームを巧妙に仕掛けました。やり方は褒《ほ》められたものではないにしても、外交的にはひとつの成功です。

佐藤―わずか10年くらいで、日本は帝国主義的なゲームを覚えたのですよね。

安部―おそらくそのあたりは、お雇い外国人から懇切《こんせつ》丁寧に教えてもらったのではないでしょうか。

佐藤―とにかくまずは、帝国主義のゲームのルールブックを完全にマスターする。将棋であれば、どの駒がどう動くかというルールだけを知っていても、勝負には勝てません。定石《じょうせき》はどうなっているのか。将棋の打ち方をちゃんと勉強してから、本番の将棋に臨むことが必要です。
駒の動かし方だけを知って、定石も知らないのにいきなり将棋をやる類の国が多いなか、日本は軍事・外交の定石を慎重になぞっていきました。

■陸奥宗光外務大臣が書いた外交記録『蹇蹇録』

安部―豊島沖は、朝鮮半島西部の泰安《テアン》半島から西側の海域にあります。豊島沖を航行する輸送船の一部には、イギリスの国旗を掲げたイギリス船籍の船もあったようです。イギリスと清と日本の船が入り乱れるなか、日本海軍は清の艦隊に先制攻撃を仕掛けました。海上でのトラブルのどちらに正義があるかなんて、誰も正確にはわかりません。

佐藤―逆に言うと、海上でのトラブルは事をうやむやにしやすいのですよね。

安部―そうなんです。「清から先に砲撃して挑発してきたから、こちらも反撃したのだ」という理屈が成り立つのです。陸上の戦いだと、目撃者がたくさんいるのでなかなかウソはつけません。小競《こぜ》り合《あ》いを起こす原因を作るには、海上がいちばん適しているのです。清国の兵と物資を乗せている船を攻撃して、早期に補給路を絶ちたいという目的もあったのでしょう。豊島沖での海戦は、日清戦争の導火線に本気で火をつけるための作戦でした。

佐藤―陸奥宗光外務大臣が1895（明治28）年に書いた外交記録『蹇蹇録《けんけんろく》』[*17]に、甲午農民戦争や日清戦争についての陸奥の記述があります。

〈我政府は外交上に於て常に被動者の地位を執らむとするも一旦事あるの日は軍事上に於て総《すべ》て機先を制せむとしたる〉

日本政府の外交方針は常に受け身の立場ではある。しかしいったん有事が発生したときには、軍事的にすべて機先を制するのだ。「戦争のときは相手国より先に手を出す。それがウチの国だよ」と陸奥宗光が宣言しているのです。だから日露戦争でも真珠湾攻撃でも、日本軍は『蹇蹇録』の教訓に基づいて先制攻撃をしました。

安部―相撲で言えば、立ち遅れにならないようにする。先に攻めて、前まわしを取る。相手国よりも先に有利な状況を確保すれば、端緒《たんちょ》から戦況を有利にもちこんで勝てる可能性が高まりますからね。

佐藤―「要するに、何でもいいから戦争に勝ちゃいいんだ」という精神です。ただし、機先を制する方針が毎回成功するわけではありません。真珠湾攻撃で機先を制したにもかかわらず、日本は太平洋戦争で大失敗してしまいました。

■大国・清が小国・日本に負けたカラクリ

佐藤―大国である清国が、なぜ小国の島国である日本に負けてしまったのでしょう。清国は決して軍事的に弱小国家だったわけではありません。兵器や装備、火砲、そしてロジスティクス（兵站《へいたん》）においても、清国のほうが強かったのです。

安部―ところがその清国が、平壌《ピョンヤン》の戦い*18（1894〈明治27〉年9月14～15日）でも黄海の海戦*19（9月17日）でも連敗してしまいました。

佐藤―清国の軍隊は、近代的な軍隊と旧来の中世的な軍隊が混ざっていました。軍隊の古いシステムを完全に壊して刷新することに、抵抗する守旧派勢力もいます。非効率な古いシステムを残し、近代化ができていなかったせいで、軍全体が効率的に動けませんでした。

それから古い軍隊は、戦争になると平気でモノを略奪します。指揮官は腐敗しているし、末端の兵隊は死ぬのが怖くなると逃げ出してしまう。そういう軍隊の体質をわかっていた清国の民衆は、「三舎《さんしゃ》を避く」と言って軍隊がいるところには寄りつきませんでした。軍隊が行軍してくると、三舎（60キロ）も離れたところへ避難したわけです。

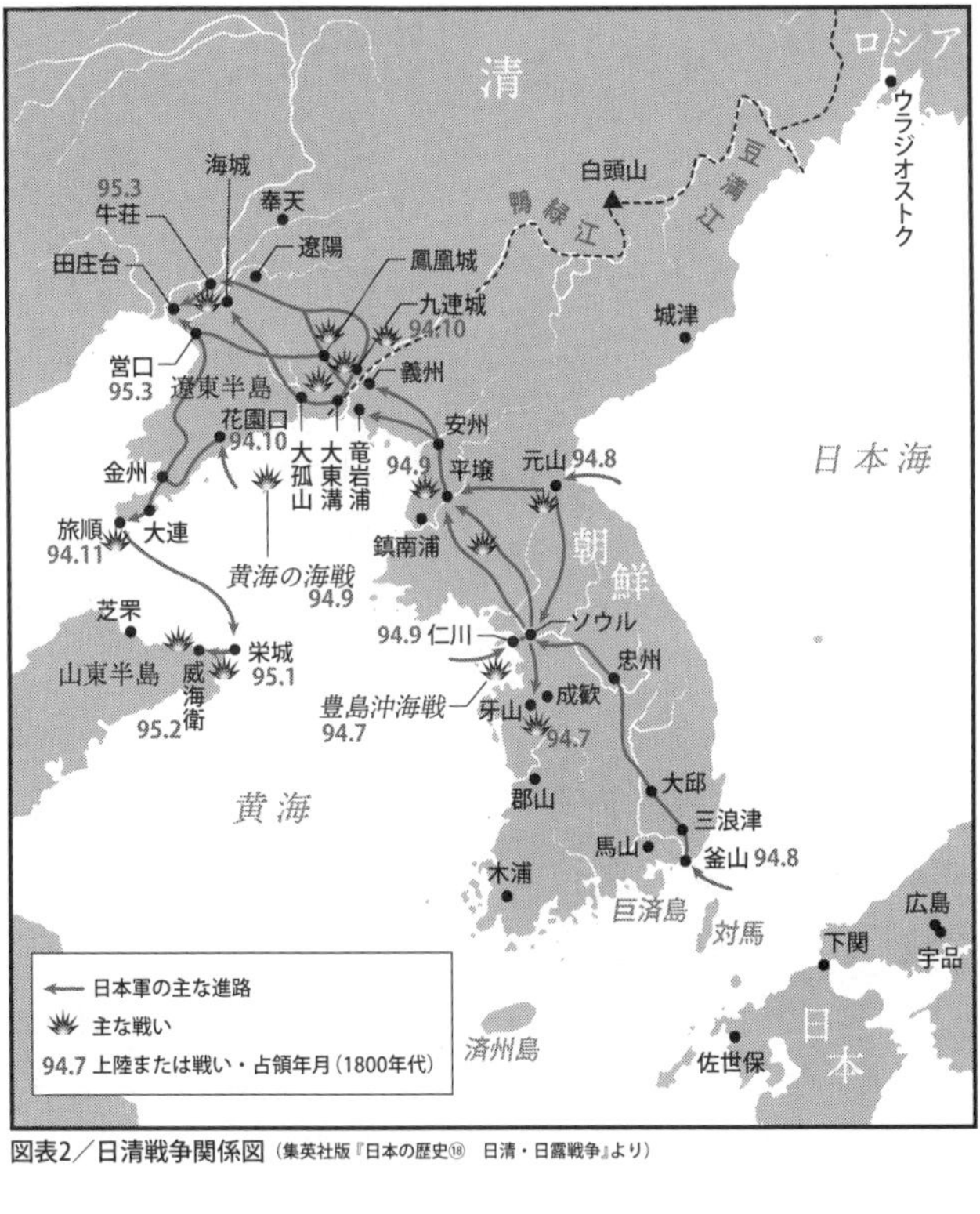

図表2／日清戦争関係図（集英社版『日本の歴史⑱　日清・日露戦争』より）

また清国軍を統率した李鴻章《りこうしょう》*20（北洋《ほくよう》大臣）は、戦力温存政策を採りました。極力被害を出さないようにして、戦いを避ける戦術を採ったのです。これらの要因が全部合わさった結果、清国は日本に負けました。

安部ー当時の清国は日本だけでなく、フランスやイギリス、ドイツからも侵略されかかっていました。清の国内では「日本との戦争で全面的にぶつかるのはなんとか避けたい」と考える人が多かったはずです。厭戦《えんせん》的な清国とは対照的に、日本は確信犯的でした。「松陰ドクトリン」に基づいて、「真っ向から戦争して清国を打ち破るのだ」と清国に立ち向かっていったのです。

佐藤ー「黄海の海戦で日本は大勝利した」という言説は、日本の宣伝戦だったのではないか――「黄海の海戦神話」という指摘があります。黄海の海戦で清国艦隊は3割やられたものの、残り7割は威海衛《ウェイハイウェイ》（山東半島の北岸）に残っていました。ところが李鴻章は戦力温存政策を命令し、残り7割の艦隊は威海衛からちっとも出てこないのです。「全軍を動員しなくとも日本ごときには勝てるだろう」という驕《おご》りがあったのでしょう。

■満州の女真族にルーツをもつ清国

安部―清国のルーツは、満州（中国東北部）で狩猟や牧畜を営んでいた女真族《じょしん》[21]です。清王朝が凋落《ちょうらく》するにしたがって、それまで女真族の主流派におとなしく従っていた漢民族が、現政権への不満と批判をぶつけるようになりました。「国家危急のときに、朝鮮半島にばかりかまけているわけにはいかない。鴨緑江《おうりょっこう》（現在の北朝鮮と中国の国境を流れる川）より南は、放棄しても仕方がない」というくらいの方針だったのではないでしょうか。

実際、日本軍が鴨緑江を超えて北側に進出したとたん、清国の反撃が厳しくなりました。「鴨緑江から先は自分たち女真族の本貫地《ほんがん》（本籍地）だ。ここにおいそれと踏みこませるわけにはいかない」という心情だったはずです。

そういう事情も鑑《かんが》みるに、日清戦争において日本が正面からの戦いに勝ったわけではないと僕は思います。「連戦連勝して清国をコテンパンにやっつけた」という神話は、明治政府と軍部とマスコミが作り上げたものでしょう。

佐藤―プロパガンダ戦のノウハウを十分心得ているほど、当時の日本が成熟していたとも言えます。

安部―日清戦争が勃発した1894（明治27）年は、1868（明治元）年の明治維新から26年後です。明治維新によって各藩が軍制改革を成し遂げて、旧幕府軍との鳥羽《とば》・伏見《ふしみ》の戦い[22]に勝った。戊辰《ぼしん》戦争[23]に勝った。20～30代のころにそういう経験をした各藩のリーダーが、26年後の日清戦争で50～60代を迎えていたわけです。

先ほど佐藤さんが、戦争において定石を学ぶことの重要性を指摘されました。リーダーとして戦乱期を乗り切った指導者が、日清戦争においてちょうど成熟期に入っていたのです。指導者層が充実していたおかげで、国内世論が一糸乱れず日清戦争を後押しする態勢を、日本はすぐ作れました。

佐藤―日清戦争当時の日本は、軍人も官僚もメディアも同質的だったんですよね。昭和時代になると知識人が増えたおかげで、軍事エリートと官僚とメディアのエリートの意識が乖離《かいり》してきました。皆が同質的に戦争を支える態勢ではなくなり、「彼らの戦争」という感じで突き放して見る人が次第に増えていったのです。

日清戦争の段階では、人々の意識はまだ乖離していませんでした。ところが日清戦争から10年後の日露戦争になると、軍事エリートや官僚とメディアとの乖離が生まれ、メディアや知識人の一部から「非戦論」が出てくるのです。

安部—重要な指摘です。伊藤博文内閣を追いこみたい国会内の反政府勢力は、「現政権は不平等条約を改正できない。伊藤内閣はなんだ。その弱腰外交はなんだ」と攻め立てていました。伊藤博文は「そうは言っても、そんな簡単な話ではない。列強の問題もあるのだ」と言って、柔軟で弱腰で慎重な立場を採ります。

野党もマスコミもこぞって戦争を煽《あお》り立《た》て、日清戦争へと突き進んでいった。明治維新以来の「吉田松陰ドクトリン」が生きており、明治維新の大義、明治維新の目標を日本の知的エリートたちがみんな共有していたのです。

第5章　公共事業としての戦争

日清戦争の日本における死者数は1万3000人。
一方、下関条約によって日本は、
当時の国家予算の３倍もの賠償金を得たのだ。
この現実をどう捉えるか。

■2億両の戦時賠償金

安部—1895（明治28）年、日本は日清《にっしん》戦争に勝利します。伊藤博文《いとうひろぶみ》首相と陸奥宗光《むつむねみつ》外務大臣は、清国の李鴻章《りこうしょう》と下関《しものせき》条約を結びました。朝鮮の独立、遼東《リャオトン》半島の割譲《かつじょう》、台湾や澎《ポン》湖《フー》諸島の割譲、さらには2億両《リャン》（英語の読みは「テール」）もの賠償金を分捕《ぶんど》ります。これは当時の国家予算の3年分です。伊藤内閣は清国から莫大《ばくだい》な利益を分捕り、国内の批判を完全に抑えこんで突破しました。

佐藤—朝鮮に対する清国の宗主権を排除して、まずは独立国家にする。ただし朝鮮独立は名目にすぎず、朝鮮を日本の保護下に置くことが当初からの目標でした。日清戦争は、日本が朝鮮支配を確立するために仕掛けた戦争です。その目標はとっくに達成されたわけですが、日本はもっと領土がほしくなって「遼東半島も台湾も澎湖諸島も割譲しろ」と迫りました。これはメチャクチャな話です。

「遼東半島をよこせ」というのは、中国と本格的に事を構えたい陸軍からの要求でした。「台湾も澎湖諸島もよこせ」というのは、「南進したい」という海軍からの要求です。陸軍と海軍両方の要求を、下関条約で全部呑《の》ませました。

補足すると、賠償金の当初要求額は３億両です。

安部―最後に日本が１億両まけてあげたんですよね。

佐藤―おなかいっぱい要求して本来の目標をとっくに達成しているのに、プラスアルファの２階部分を欲張って大きく積み重ねすぎました。だから「おっと、これは日本が取りすぎだぞ」と三国干渉を招いてしまうのです。朝鮮に対する清国の宗主権を排除して、台湾を分捕り、２億両の賠償金を取るだけであれば、三国干渉は起きなかったのではないでしょうか。相手国から取りすぎて勝ちすぎると、あとで必ず反発が来るのです。

安部―武田信玄《たけだしんげん》は「軍勝五分を以《も》って上と為《な》し七分を中となし十分を以って下と為す」「十の勝ちを得るとも驕《おご》りを生ずれは次には必ず敗るゝものなり」と言いました。５割勝てば上等、７割勝てば中等、10割勝って喜んでいるような人間は下等だというわけです。

伊藤博文も陸奥宗光も山縣有朋《やまがたありとも》も、下関条約当時の日本の上層リーダーは、戦争に勝ったとたんに定石《じょうせき》をコロッと忘れてしまいました。あそこで分捕りすぎたことが恨みを買い、将来に深刻な禍根《かこん》を残してしまったのです。

佐藤―「定石が変わった。帝国主義路線に日本が新たに加わった今、新しいゲームのルールができた」と思い上がってしまったのでしょう。

■ 年間予算3年分に達した戦時賠償金

佐藤　日本の今の年間予算が、だいたい100兆円くらいですよね。2億両の賠償金ということは、どこかの国からいきなり300兆円が振り込まれてきたようなものです。日清戦争の死者は1万3000人でした。割り算すると、1人の犠牲によって230億円を手にした計算です。

安部　政治家も資本家も「戦争はいいビジネスだ」という教訓を得たことでしょう。戦争の成功体験は、国民にも行き届いたはずです。「国民を戦争で引っ張っていけば、全員ついてくる。戦争は国民をコントロールするためにいちばん有効な手段だ」という教訓も、政治家がガッチリつかみました。

この二つの誤った教訓が、1945（昭和20）年の敗戦までずっと続いてしまったのです。

佐藤　戦争で1人死んでもらうだけで、他国から100億円も200億円も奪ってこられる。「自分と家族さえ死ななければ、英霊に戦没者年金をいくら払ったっていい」。為政者がそんなふうにソロバンをはじくようになりました。310万人も死んで、しかも負け戦であれば、まったくビジネスにはなりませんが。

安部―そこが戦争をビジネス感覚でとらえる国家資本主義、帝国主義の恐ろしさです。

佐藤―資本主義が国家資本主義へと膨張していくと、おかしな資本家も出てきます。「もしウチの労働者が１人事故死すれば、10億円入ってくる保険がある。とんでもない事故が起きたときには、この保険金を使って補償金を払えばいいだろう。生涯所得の倍掛けで５億円も払っておけば、遺族だって納得するはずだ」。こんなとんでもないことを考える資本家が出てきたっておかしくありません。

戦争にしても会社経営にしても「命にはお金とは交換できない価値があるのだ」という価値転換ができなければ、暴走への歯止めはかかりません。

とはいえ、世の中にいる全員が人間主義、生命至上主義へと価値転換するのは無理です。人間主義、生命至上主義へと価値転換した人が、世の中の１割もいれば十分かもしれません。日本の中で１２００万人ぐらいが「命は何よりも大切だ」という価値観をもっていて、そういう価値観をもつ人が、ちょっと過剰代表なくらい政界や官僚の主要ポストにいる。このことが、戦争に歯止めをかけるうえで現実的に重要です。

■ビジネスとしての日清戦争

佐藤―「日清戦争を戦争ビジネスとして見ると、コストパフォーマンスがメチャクチャいい」。このように戦争を資本主義と結びつけてしまうリーダーに欠けているのは、人間的な価値観です。

安部―その点、「吉田《よしだ》松陰《しょういん》ドクトリン」（119頁を参照）は決して褒《ほ》められたものではありません。松陰には1人の民衆への視座、価値観が抜け落ちていました。

佐藤―「戦争＝ビジネス」という考え方は、「松陰ドクトリン」の一種の疎外態（＝人間が自ら作り出した事物や社会関係・思想などが、逆に人間を支配するような疎遠な力として現出すること）です。松陰が構想した拡張主義的な思想は、帝国主義の時代に再解釈されるうちにどんどん変になっていきました。吉田松陰を崇《あが》め立てる人がいますが、私はついていけません。

松下《しょうか》村塾《そんじゅく》なんて、最初は畳数畳の獄中で始まりました。田舎にいるカリスマ塾講師のようなものです。これはとても湯島（江戸幕府の昌平坂学問所《しょうへいざかがくもんじょ》）なんかと対抗できる立派な教育機関とは言えません。松下村塾で語られた講話の断片がどんどんどんどん拡大解釈されて、ふくらし粉を混ぜて話がでかくなっていく。石原莞爾《いしはらかんじ》[*1]とか安岡正篤《やすおかまさひろ》[*2]とか、歴史上にはこういう人物がたくさんいます。深遠な思想なんてたいしてないのに、いろいろ後付けしてまわりの人間が都合よく利用していったのです。

■日本の資本主義化と社会主義運動

佐藤―２億両の賠償金は、日本の資本主義の発展にものすごい貢献をしました。と同時に格差が生まれ、格差に不満をもつ人々によって社会主義運動が生まれます。日清戦争のときは、日本の社会主義者は無視してもいい存在でした。日露《にちろ》戦争のころになると、社会主義者は明治政府が無視できない存在感を示すようになります。

日露戦争真っ最中の１９０４（明治37）年、第２インターナショナル[*3]（国際社会主義者会議）の大会がオランダのアムステルダムで開かれ、片山潜《かたやません》[*4]が出席してロシアのプレハーノフ[*5]と握手しました。

安部―片山潜といえば、日本の社会主義運動の先駆者です。アメリカの名門イエール大学で神学を学び、労働運動に引き寄せられていきました。日露戦争に反対する論陣を張り、アムステルダム大会ではプレハーノフといっしょに副議長に任命されます。日露戦争中、アムステルダムで日本とロシアの代表が握手する様子は、各国の社会主義者たちに強いインパクトを与えました。

佐藤―その後、片山潜はソ連でコミンテルン（共産主義インターナショナル）の中央執行委員になり、革命運動に身を捧《ささ》げたままモスクワで死去します。

日清戦争から日露戦争までの10年間、日本でも片山潜のような革命家が登場するほど社会主義運動が盛り上がりました。それはこの10年間、資本主義が著しく発展したことの裏返しでもあります。

もし日清戦争で日本が勝つことができず、年間予算3年分もの莫大な賠償金を取れなければ、すさまじい急カーブでの日本の資本主義化はありませんでした。「日清戦争に勝った勝つた」という実績があったおかげで、日露戦争を遂行するためのカネを簡単に集められた側面もあります。

■清国の全権大使・李鴻章の覚え書き

安部―第4章でも触れたとおり、日清戦争開戦（7月25日）直前の7月16日、日本はイギリスと日英通商航海条約を結んで不平等条約の一部を撤廃させました。日本の台頭を恐《おそ》れて、ロシアがああだこうだと勧告をしてくる最中での出来事です。ロシアの干渉を押しのけて、日本はイギリスと手を握って支援勢力になってもらいました。日清戦争の勝利は、外交戦の勝利でもあります。外交という「武器なき戦争」によって、すでに日清戦争に半分勝っていたとも言えるかもしれません。

佐藤―このあたりの大国の思惑が、のちの日英軍事同盟（１９０２〈明治35〉年成立）に結びついていくのですよね。日本が帝国主義路線を歩むなか、他方で清国は道義性を重視しました。李鴻章は、こんな覚書を日本に送っているのです。『日本の歴史⑱　日清・日露戦争』（海野福寿著、集英社、71ページ）からご紹介しましょう。

〈「領土割譲は清国民に復讐《ふくしゅう》心を植えつけ、日本を久遠《くおん》の仇敵《きゅうてき》とみなすだろう。日本は開戦にあたり、朝鮮の独立を図り、清国の土地をむさぼるものではない、と内外に宣言したではないか。その初志を失っていないならば、日清間に友好・援助の条約を結び、東アジアの長城を築き、ヨーロッパ列強からあなどられないようにすべきである」

李鴻章の覚え書きは、陸奥をして「実に筆意精到」「一篇の好文辞」（『蹇蹇録《けんけんろく》』）といわせたほど堂々としており、日中友好、東洋平和の条理を尽くしていた。しかし、それを受け入れる余地は、政府・陸海軍指導部はもとより、国民の世論にもまったくない。陸奥は李鴻章の壮大な「概論」を黙殺し、主導権を握って「事実問題」に絞って交渉を進めることとし、負傷の李鴻章にかわって欽差《きんさ》大臣に任命された李経方《リーチンファン》（李鴻章の養子）に清国側の回答を促した〉

李鴻章の言う「朝鮮の独立を図り、清国の土地をむさぼるものではない、と内外に宣言したではないか」という言い分に筋が通っていることは、陸奥宗光外務大臣もわかっていました。

安部―「日本のやり方は道義に反するではないか」と言われればそのとおりです。陸奥宗光は道義性を無視してそのまま突き進みました。

佐藤―筋の話をすると都合が悪いから、筋の話はなし。そのかわり事実として「ここでオレは勝っただろう」「ここでもオレは勝っただろう」と、勝利の結果をもってグイグイ押しこんでいく。これは帝国主義国の常套《じょうとう》手段です。

■帝国主義的な収奪

佐藤―結局、先ほどの李鴻章の見通しは正しかったわけです。「領土割譲は清国民に復讐心を植えつけ、日本を久遠の仇敵とみなすだろう」という覚え書きのとおり、領土割譲によって中国人は日本に対する強烈な復讐心をもちました。中国によって日本は、ほとんど永遠の敵になってしまったのです。

安部―「日本は朝鮮の独立を図りたいだけであって、清国の土地を求めているわけじゃない」と言ってきたのに、手のひらを返して「やい、遼東半島をよこせ」と迫ったわけですからね。

佐藤―道義性を無視した帝国主義的なやり方によって、ほかの帝国主義国から「日本は言っていることとやっていることが違う国だ。なかなかズルいな」という印象をもたれ、そのうち「信用ならない国だ」と見なされるようになっていきました。

私はかつて外交現場で仕事をしていたのでよくわかるのですが、日本の外交には昔から良くないところがあるのです。相手がちょっと譲歩してくると、その相手の譲歩を弱さと見なして、こちらの要求を上げるのです。

安部―お互いの要求度を上げたり下げたりしながら、最終的にそこそこのところで妥協点、折り合いを見出《みいだ》すのが交渉術です。

佐藤―最後になって「もうちょっと取れそうだ」とハードルを上げるせいで「こっちが譲歩しているのになんだ」と相手を怒らせ、最終盤で交渉を潰してしまうことがよくあるのです。

これは日本外交の癖《くせ》と言っていいかもしれません。ビジネスパーソンもそうです。相手が譲歩してきたら、その譲歩を弱さととらえて「もう少し取れないか」と欲をかいちゃう。そのせいで完全に交渉が決裂してしまうのです。

日本人は外交官もビジネスパーソンも根が欲深いというか、本音ベースで交渉しないところがあるのでしょうね。掛け値をして交渉を進めているのです。「これ以上譲れない」と日本が言っているときにも、腹の中にはもう一線ある。自分たちがそういう腹芸をやっているから、「相手の腹にもまだ一物があるだろう」と思っちゃうのですよね。

安部―相手が「もうこれがギリギリ限界です」と音《ね》を上げていても、「もう少し勉強できるじゃないか」と値切ろうとする。

佐藤―正札販売《しょうふだ》（＝掛け値なしの商売）をしない商売人みたいな感じなんですよ。でも掛け値でやってはいけないことだってあります。朝鮮半島の独立について「清国の領土に対する野心はない」と言ったからには、そこは守らなければいけないレッドラインでした。

■カッとなってあとに引けない日本の悪癖

安部―ロシアが「朝鮮から撤兵しろ」と勧告してきたとき、日本は「朝鮮を侵略しようという野心は日本にはない。朝鮮国内の平和安定が回復したら、我々は兵を引く」と一度は約束しました。

佐藤―長期的に見れば、あそこでいったん兵を引いていれば、日本に対する朝鮮の民衆の信頼感は高まっていました。

安部―日清戦争にしろ満州事変[*6]にしろ、「あそこでやめておけば良かったのに……」と思う局面がたくさんありますね。

佐藤―そういう機会はいっぱいあります。1931（昭和6）年に満州事変が起きたとき、国際連盟[*7]はリットン調査団[*8]を派遣して調査を進めました。リットン調査団は日本を非難する報告書を出したものの、満州における日本の優越的地位は認めています。なのにカッとなって、1933（昭和8）年に国際連盟を脱退してしまいました。

安部―あんなに早い段階で、自ら国際社会の中で孤立する道を歩むべきではありませんでした。帝国主義諸国との駆け引きをするどころではありません。

佐藤―為政者や外交官は感情的にならず、中長期的展望に立って冷静に判断を下さなければいけないのに、頭がカーッとなって湯気が立っている。これではいけません。

日本を食糧危機に陥れた朝鮮の防穀令

安部―なぜ日本が朝鮮半島から兵を引けず、日清戦争へ突き進み、さらに戦争を続ける国家へとエスカレートしていったのでしょう。もちろん政治的な事情もありますが、経済的事情も大きかったと思います。日本が国家資本主義体制を完成させるため、まず朝鮮半島の市場はノドから手が出るほどほしかった。資源の入手先として、朝鮮半島を手に入れたかったという思惑もあります。

なぜ日清戦争後に日本で第1次産業革命が起きたかというと、朝鮮半島という広大な市場を手に入れたからです。市場を開拓し、資源を収奪することが戦争の目的と化しており、半島からの撤退や友好対話路線はそもそも想定されていませんでした。日本はすっかり狼《おおかみ》国家になっていたのです。

佐藤―太平洋戦争で敗戦した直後の日本で、大変な食糧難が起きました。あれはなぜ起きたかというと、戦前のように朝鮮半島の米が入ってこなくなったからです。日本の米は、朝鮮半島によって相当程度賄《まかな》われていました。北朝鮮から採掘される鉱物資源も、大きなポテンシャルです。もっとも日清戦争の時点では、まさか北朝鮮にそんなに豊かな鉱物資源が眠っているとは誰にもわかっていませんでした。朝鮮半島はもともととても豊《ゆた》かな地なのです。

安部―日清戦争開戦5年前の1889（明治22）年、朝鮮は凶作を理由として穀物輸出禁止措置（防穀令《ぼうこくれい》）を取りました。朝鮮と日本の貨幣価値の差もありますが、人民の食糧がなくなって不便をきたすくらい、大量の米が日本にもちこまれていたのです。1910（明治43）年の日韓併合で本格的に植民地支配を深める以前から、日本の収奪は暴力的なまでに激しく進められました。

■日本初の本格的な首脳外交　李鴻章の暗殺未遂事件

佐藤―日清戦争に勝利して結んだ下関条約は、日本史上初めての本格的な首脳外交による産物でした。

安部―伊藤博文首相と陸奥宗光外務大臣は下関に行き、清国から李鴻章がやってきて直接交渉しました。全権委任をもつ王様を呼びつけたわけではありませんが、清国の代表である李鴻章を下関くんだりまでわざわざ呼びつけたわけです。

佐藤―あの清国の代表が、日本まで敗戦処理にやってきた。日本人は「いよいよオレたちも一等国の仲間入りだ」と沸き立ったことでしょう。しかもこのとき、李鴻章は銃撃されています。

安部─日本国内に清国との和平に反対する勢力がいて、李鴻章の暗殺未遂事件が起きました。

佐藤─近距離からピストルで撃たれたのですよね。外交交渉でやってきた相手国の全権代表が撃たれるなんて、相当恐ろしい国ですよ。そんな事件が起きたら、普通はただちに決裂して、交渉なんて蹴っ飛ばして本国に帰っちゃうものです。

安部─熱狂する日本人は「もっと戦え」と戦争を煽《あお》りました。メディアは「ここでも勝った」「ここでも勝った」と、政府の広報機関としてのプロパガンダ役を買って出ます。

佐藤─日清戦争が終わった直後の日本中が「まだ余力がある」「まだ行ける」という雰囲気だったのです。

安部─戦争には、人間をあとには引けなくさせる魔力がありますね。「日本のいちばん長い日」という映画で描かれていますけど、1945（昭和20）年8月14日の段階でなお「まだ戦う」と言う将校たちがいました。『戦争をやめる』ことをやめさせよう」と主張して、8月15日以降もさらに戦い続けようと本気で考える指導者がいたのです。

いったん戦争の熱狂に突入すると、もう誰にも止められない。李鴻章とのあまりにも勝ち気な交渉と下関条約が、その典型でした。

■日本にとって想定外だった三国干渉

安部―下関条約（１８９５〈明治28〉年４月17日）によって、清国から日本への遼東半島の割譲が決まります。すると下関条約が結ばれてからわずか６日後の４月23日、ロシアとドイツとフランスが「遼東半島を清国に返せ」と迫ってきました。三国干渉です。

イギリスを頼って三国干渉を突っぱねようと努力したものの、イギリスは協力的ではありません。伊藤博文は遼東半島を清国に返す決断をしました。11月８日、日本は遼東半島を清国に返還します。佐藤さんは、当時の日本にとって三国干渉は想定の範囲内だったと思いますか。

佐藤―いや、想定外だったでしょうね。

安部―僕もそう思います。三国干渉なんてさせないようにさせないようにと、日本は気をつけてきました。あっちもこっちも顔色をうかがいながら、ササッと遼東半島を奪ってしまおうとしたのです。でも朝鮮半島から大陸への足がかりとなる遼東半島は、無理やり取ってはいけない要衝《ようしょう》の地でした。ロシアがクリミア半島をほしがる構図と同じです。

佐藤―いっしょですよね。遼東半島を取れば満州を取れますから。

安部　ええ。しかも遼東半島にある旅順の港は、真冬でも海が凍らない不凍港です。

佐藤　日本は旅順の重要性をわかっていましたから、「旅順以外の遼東半島は全部放棄します」と譲歩しました。三国干渉の当事者であるロシアは「それでもだめだ」と主張して、やむなく旅順も放棄することになります。するとロシアは清国と条約を結び、旅順を自分たちの要塞にしてしまいました。

安部　帝国主義の争いは、誰もが自分たちの正義を主張するエゲツないまでの奪い合いなのです。

■遼東半島をめぐる攻防戦と「臥薪嘗胆」

安部　ロシアやフランス、ドイツの三国干渉によって遼東半島を奪い返されてしまったのは、日本にとって屈辱的でした。極東においては、イギリスの力よりもロシアの力のほうが強かったのです。当時の日本人は「ロシアはさすが海運国だな」と恐れたことでしょう。

佐藤　日本が戦争で血を流して奪った遼東半島を、ロシアがほかの列強諸国を巻きこんでひっかき回し、横取りしてしまったわけです。

安部　三国干渉と遼東半島の一件は、日本の国内世論の大反発を招きます。あの当時「臥薪《がしん》嘗胆《しょうたん》」という四字熟語が盛んに叫ばれました。父（呉《ご》の王である闔閭《こうりょ》）のかたきを討つことを誓った息子（夫差《ふさ》）は、毎日堅い薪《まき》の上に寝て自分で自分の体をいじめ、苦《にが》い肝《きも》を嘗《な》めながら「この屈辱、晴らさでおくべきか」と復讐を誓います。

佐藤―日本人も、夫差のように目を血走らせながら「ロシアの野郎め、この屈辱は必ず晴らしてやるからな」と臥薪嘗胆の日々を送ったのでしょう。

安部―そういう好戦的な論調が、大人から子どもまで、右から左まで沸き上がりました。その熱狂がやがて日露戦争の冒険、賭けにつながっていくのです。臥薪嘗胆は、軍拡と経済成長への強烈なモチベーションになりました。と同時に臥薪嘗胆は、軍拡予算の極端な拡大、そして行き過ぎた重工業化というあらゆる矛盾を引き起こしてしまいます。

佐藤―片山杜秀《かたやまもりひで》先生（慶應義塾大学法学部教授）が『未完のファシズム「持たざる国」日本の運命』（新潮選書）という本で、そういう状況を竹馬に喩《たと》えていました。どんどん高い竹馬の上に乗るようになって、最後は竹馬が高くなりすぎて、倒れて大ケガをしてしまいます。

要するに国際社会では、甲子園の高校野球のようにトーナメント戦を争っているのです。下関条約後の三国干渉は、チーム総当たりのリーグ戦ではなく、甲子園のようなトーナメント戦でした。三国干渉によって雪隠詰《せっちんづ》めにされるなか、日本はそのトーナメント戦で敗れてしまったのです。
三国干渉で痛い目に遭《あ》った日本は「トーナメント戦で1位にならない限り、国際社会の争いでは生き残れない」という発想に陥ってしまいました。さらに「戦争をやるのは当たり前だ。我々は勝たなければいけない。戦争で勝つためにすべての資源を集中するのだ」とねじ曲がっていきます。

安部―日清戦争の勝利によって、日本は初めて帝国主義的果実を手に入れました。これは「松陰ドクトリン」の勝利でもあります。日清戦争の勝利は、日本の指導者たちに「吉田松陰先生がおっしゃっていたとおりだ。日本は今後もこの方針で行くべきなのだ」という確信を与えました。アダムとエバが禁断の果実を食べてしまったように、日本は悪い形で果実の味をしめてしまったのです。
たくさんの賠償金とたくさんの領土と、莫大な経済利権を手に入れた。もっとどっさりもらおうと思ったら、頭をひっぱたかれるようにして、いちばん大事な遼東半島を取り返されてしまいました。

日清戦争で死んだ日本人は1万3000人だった

安部―下関条約によって清国から得た賠償金2億両は、日本にとってこの上ないおいしい果実でした。このカネが、金本位制樹立の準備金に充《あ》てられます。2億両の使い道は、85%が軍事費でした。社会保障に使おうなんて発想は、当時の政府にはまったくありません。

佐藤―戦争によって、別の戦争を養っていく国になっていくのですよね。

安部―陸軍も海軍も「このカネはオレたちの力で勝ち取ったものだ。オレたちが自由に使わせてもらおうじゃないか」という気分で高揚していたのでしょう。国民も「そのとおりだよね」と同意したのではないでしょうか。

それまで清は「眠れる獅子《しし》」と言われ、国際社会から大国としての扱いを受けてきました。日清戦争によって、その状況は一気に変わります。

佐藤―太平洋戦争では、民間人を合わせて310万人の日本人が死にました。軍人に限れば、日本の死者は230万人です。それに比して、本章の冒頭でも申し上げましたが、日清戦争で死んだ日本人は1万3000人でした。そのうち1万2000人が病死です。

医療体制が整っていなかったせいでこれだけの死者が出たものの、戦闘中に死んだ兵士は

1000人でした。

安部―1万3000人の犠牲によって国家予算3年分のキャッシュを分捕り、領土まで手にすることができた。当時の為政者にとってみれば……。

佐藤―「この戦争はずいぶんコストパフォーマンスがいいぞ」とほくそ笑んだでしょうね。日清戦争以降、戦争が銭勘定として国家経営の中に入ってくるのです。

他方で、日本軍が清国にもたらした犠牲は大変なものでした。1894（明治27）年11月、「民衆の抵抗がひどいから」という理由で、日本軍は旅順で多くの人々を殺しているのです（旅順虐殺）。人数については集英社版『日本の歴史⑱ 日清・日露戦争』では6万人、中国共産党の公式発表（1948年）では、戦闘員も含めて2万人となっています。犠牲者には婦女子や幼児も含まれました。

安部―旅順虐殺は、大変な国際問題になりました。今の日本ではあまり知られていないかもしれませんが、中国の人たちはこの大虐殺を今でもけっして忘れていません。

■戦争を食い止める人間主義の価値観

安部―佐藤さんがおっしゃる傷病死は、凍死が多いですね。

佐藤―ええ。これは想像するだに恐ろしい情景です。1万3000人死んでいるうちの1万2000人が病死、それも多くが厳寒の中での凍死でした。

安部―厳冬の中で籠城《ろうじょう》戦をしながら、日本軍はパニック状態でした。

佐藤―どこの戦場でも、敗残兵が民間人に擬装して集落に潜入することがあります。普通の格好をした人間が、ゲリラ兵としていきなり鉄砲を撃ってくる。こういう状況では、農民だろうが少年だろうが全員便衣兵《べんいへい》（ゲリラ兵）に見えてしまいます。

2022年末から23年初頭にかけて、厳冬のウクライナ戦争で何が起こるでしょう。この冬を乗り切るのは、最前線で戦うウクライナ兵にとっておそろしく大変です。

安部―日清戦争当時のように、1万人以上もの兵士が凍死する状況になりかねないですよね。

佐藤―ええ。戦闘で押されたウクライナ兵が民間人の服に着替え、生き残ろうとして町や村に潜りこむ。そのとき相当な規模の大虐殺が起きてもおかしくありません。そういう意味で、過去の歴史で起きたひどいことはちゃんとレビューしておかなければいけないのです。この先「こんなひどいことが起きた」と驚いていてはいけません。戦争の現場では、昔も今もひどいことは常に起きてきたのです。

だからこそ、価値観が重要なのです。こういうひどい事態を二度と起こさないように、人類の価値転換をしていかなければいけません。戦争は何度も何度も繰り返されてきました。戦争が繰り返されるたび、軍事技術はどんどん上がっています。

日清戦争では1万3000人の死者だったのに、太平洋戦争の死者は310万人までケタが二つも繰り上がりました。ウクライナ戦争で万が一核兵器が使われ、日本が第3次世界大戦に巻きこまれればどうなるでしょう。死者が加速度的に増え、数千万人規模で人が死んでもおかしくありません。

安部—日露戦争当時は、まだ片山潜のように非戦論を唱える日本人がいました。今のメディア報道を見ていると、「ロシア=悪」「ウクライナ=悪と戦うレジスタンス」といった報道で一色です。

佐藤—非戦論があった日露戦争当時よりも時代が後退して、今の日本は再び日清戦争当時の雰囲気に逆戻りしているのかもしれません。

第6章

金本位制と第1次産業革命

日清戦争で敗れた清は、
列強に次々と割譲されていく。
一方、日本は賠償金をもとに金本位制を確立。
産業革命を起こしていくが……。

■日清戦争後の中国での植民地争奪競争

安部―日清《にっしん》戦争後、欧米列強は競い合って中国の植民地化を進めていきました。日本による遼東《リャオトン》半島割譲《かつじょう》を撤回させた見返りに、ロシアは1896年に露清《ろしん》密約[*1]を結んで東清鉄道《とうしんてつどう》の敷設《ふせつ》権を獲得します。さらに1898年、ロシアは旅順と大連の租借権、さらに南満州鉄道の敷設権を獲得しました。

同じ1898年にはドイツが膠州湾《チャオチョウワン》を租借し、イギリスは九龍《クーロン》半島と威海衛《ウェイハイウェイ》を租借します。1899年にはフランスが広州湾《クワンチョウワン》を租借しました。ヨーロッパ列強に出遅れて焦《あせ》ったアメリカは、1899年に門戸開放宣言[*2]を出して中国での植民地争奪競争に割りこもうとします。

佐藤―アヘン戦争（1840～42年）の敗北によって、清国はイギリスに香港《ホンコン》を割譲しています。さらに広州、厦門《アモイ》、福州《フージョウ》、寧波《ニンポー》、上海《シャンハイ》と五つの港を開港させられました。清国の北では、満州にロシアの影響が強まっていきます。西においては、ロシアのグレートゲーム[*3]による影響が中央アジアから広がっていました。今まで言うことを聞いていたベトナムが、言うことを聞かなくなる。東南アジア方面も厳しい。清国はあちこちがボロボロでした。

第4章で安部さんが指摘されたように、清国とは、満州に拠点を置いていた女真族という圧倒的な少数民族が、大人数の漢民族を支配している体制です。清国の体制が弱体化すると、漢民族の反乱が始まりました。多数派の反乱ですから、これは怖いです。外敵からも攻撃され、国内でも反乱が起き、どうしようもないボロボロの状態でした。

安部―まさに内憂外患です。列強による中国分割図を見ると、虫食い状態で驚きます。日清戦争前まで「清国は軍事的実力も経済的実力もある帝国だ」という評価を受けていました。その清国が日本に負けたわけです。しかも日本との講和条約は、それまでヨーロッパ諸国と結んできた講和条約よりも、はるかに踏みこんだ不平等条約でした。そうすると、ほかのヨーロッパ諸国には最恵国待遇《さいけいこく》*4がありますから……。

佐藤―「我々も下関《しものせき》条約のやり方にならえ」となってしまいます。

安部―フランスはまずベトナムを取り、さらに清国の南部を取りました。

佐藤―さらにマカオや膠州湾をねらい、さらには山奥の雲南省にも入っていきました。

安部―雲南鉄道を造り始めるのですよね。イギリスは長江流域をほぼベルト地帯のように押さえて、自分の国の権益を確保しました。ドイツは山東半島と膠州湾の租借を受けて支配下に置きます。

佐藤―ドイツが占領している地域は、面積的には小さなものです。ただし半島ですから、地政学的にものすごく大きな意味がありました。

安部―青島《チンタオ》ビールはそのとき作ったのですよね。ドイツが植民地にしていた1903年、青島ビール株式会社はドイツとイギリスの合弁会社として設立されました。それが今や青島の名産品として、世界中で愛飲されているのです。

■軍用鉄道と巡礼鉄道

安部―東清鉄道や南満州鉄道にしても、雲南鉄道にしても、列強諸国が清国に鉄道を敷こうとしたのは軍事的な目的でした。資源を運んだり、物品の輸出入に使う経済的目的もあります。

佐藤―鉄道には軍政用と民生用と2種類あります。まっすぐな鉄道と、クネクネ曲がった鉄道です。江ノ電や近鉄はクネクネ曲がっていますよね。あれはお寺や神社に行くための巡礼鉄道であり、観光地を回るための鉄道です。日本の巡礼鉄道は、基本的に私鉄が役割を担《にな》っています。

それに対して国鉄は、貨物輸送用と兵員輸送用なのでまっすぐの路線です。東海道本線、山陽本線、東北本線なんてみんなまっすぐ走りますよね。

安部―戦争のときには、最短経路で兵士と武器と物資を運ばなければなりませんからね。

佐藤―中国の鉄道は軍用鉄道ばかりです。観光地をグルグル回る鉄道なんてほとんどありません。帝国主義列強にとって都合が良《よ》い形で造られた軍用鉄道が、今も残っているのです。アフリカにも、クネクネした鉄道なんてほとんど見当たりません。

クネクネした鉄道がある国は、宗教に対する畏敬の念がある証《あかし》です。そういう鉄道がない国は、どこも戦争と植民地化による不幸な歴史を歩んできました。中国の鉄道の敷き方一つ見ても「植民地になるというのはこういうことか」としみじみ思います。

■わずか5年でガタガタにされた「眠れる大国」清

安部―日清戦争から6年後の1900(明治33)年、北清事変《ほくしんじへん》＊5(義和団《ぎわだん》の乱)が起きました。欧米列強を排除しようという排外主義の運動は失敗し、北清事変後に列強による恐ろしいほどの分捕《ぶんど》り合戦が始まります。

佐藤―日清戦争後、いったい中国はどれほど激しく収奪《しゅうだつ》されていったのか。わずか5年間のうちに、集中的にものすごいことが行われています。少し長くなりますが、『日本の歴史⑱ 日清・日露戦争』(海野福寿著、集英社、98～100頁)から引用しましょう。

〈北清事変

列国の中国侵略　日清《にっしん》戦後の清国に対し、帝国主義列強が群がり利権を蚕食《さんしょく》した。一九〇〇年に至る間の主なものをあげると次のようである。

一八九五年（明治二八）

七月、フランス・ロシアが、清国に対日賠償金支払いのため、四億フランの共同借款を供与する。

一八九六年（明治二九）

五月、イギリス・ドイツが、清国に対日賠償金支払いのため、一六〇〇万ポンドの共同借款を供与する。

六月、ロシア・清国間に対日共同防衛の密約が成り、ロシアは東清鉄道の敷設権を獲得する。

一〇月、東清鉄道の密約が改定され、黒竜江省《ヘイロンチャン》・吉林省《チーリン》・盛京省《ションチン》（現遼寧省《リャオニン》）の東三省《ひがしさんしょう》鉄道とシベリア鉄道の接続を決める。

一二月、ドイツが膠州湾《チャオチョウ》の五〇年間租借を要求、のち占領する。

一八九七年（明治三〇）

二月、イギリスがビルマ鉄道の雲南《ユンナン》への延長と、通商権の拡大を獲得する。

三月、ロシアが清国への借款供与の条件として、満蒙《まんもう》の鉄道敷設、工業の独占権、黄海《こうかい》沿岸の一港租借などを要求する。

一八九八年（明治三一）

一月、イギリスが清国への借款供与の条件として、ビルマ—揚子江《ヤンズーチャン》間の鉄道建設、揚子江沿岸地域の他国への不割譲、イギリス人による関税管理などを要求する。

三月、イギリス・ドイツが清国に、一六〇〇万ポンドの第二次共同借款を供与する。

三月、ロシアが大連《ターリエン》・旅順《リュイシュン》の二五年間の租借と、南満鉄道敷設権を獲得する。

三月、ドイツが膠州湾の九九年間の租借と、膠済《こうさい》鉄道敷設権、鉱産物採掘権を獲得する。

四月、フランスが広州《クワンチョウ》湾の租借と雲南鉄道敷設権を要求、広州湾を占領する。

四月、アメリカが粤漢《ユエハン》鉄道に四〇〇万ポンドの借款を供与し、同鉄道を支配する。

六月、イギリスが九竜《カオルン》の九九年間の租借を獲得する。

七月、イギリスが威海衛《ウェイハイウェイ》の二五年間の租借を獲得する。

九月、イギリス・ドイツ間で在華権益と鉄道敷設権の範囲について協定が結ばれる。

一八九九年〈明治三二〉
三月、イタリアが浙江省《チャーチャンシャン》三門《サンメン》の租借を要求し、五月には軍艦を呉淞《ウースン》に入れる。
一一月、フランスが広州湾の九九年間の租借を獲得する。
一九〇〇年〈明治三三〉
一〇月、イギリス・ドイツ間で揚子江沿岸の在華権益について協定が結ばれる。
一一月、ロシアがハルビン―旅順間の鉄道敷設権を獲得する。また、満州占領地域の独占的権益を獲得したことの承認をうる〉

安部―こうして年表を読み返してみると、まるで追いはぎに襲われているようですね。

佐藤―私も今回この本を読んでみて、あらためて驚きました。それまで「眠れる大国」と言われていた国家が、たった5年間でここまでガタガタにされてしまったのです。

■魚は頭から腐る

安部―たとえ大国としてかつて栄華を誇っていても、戦争に負けると清国のようにボロボロに没落してしまいます。

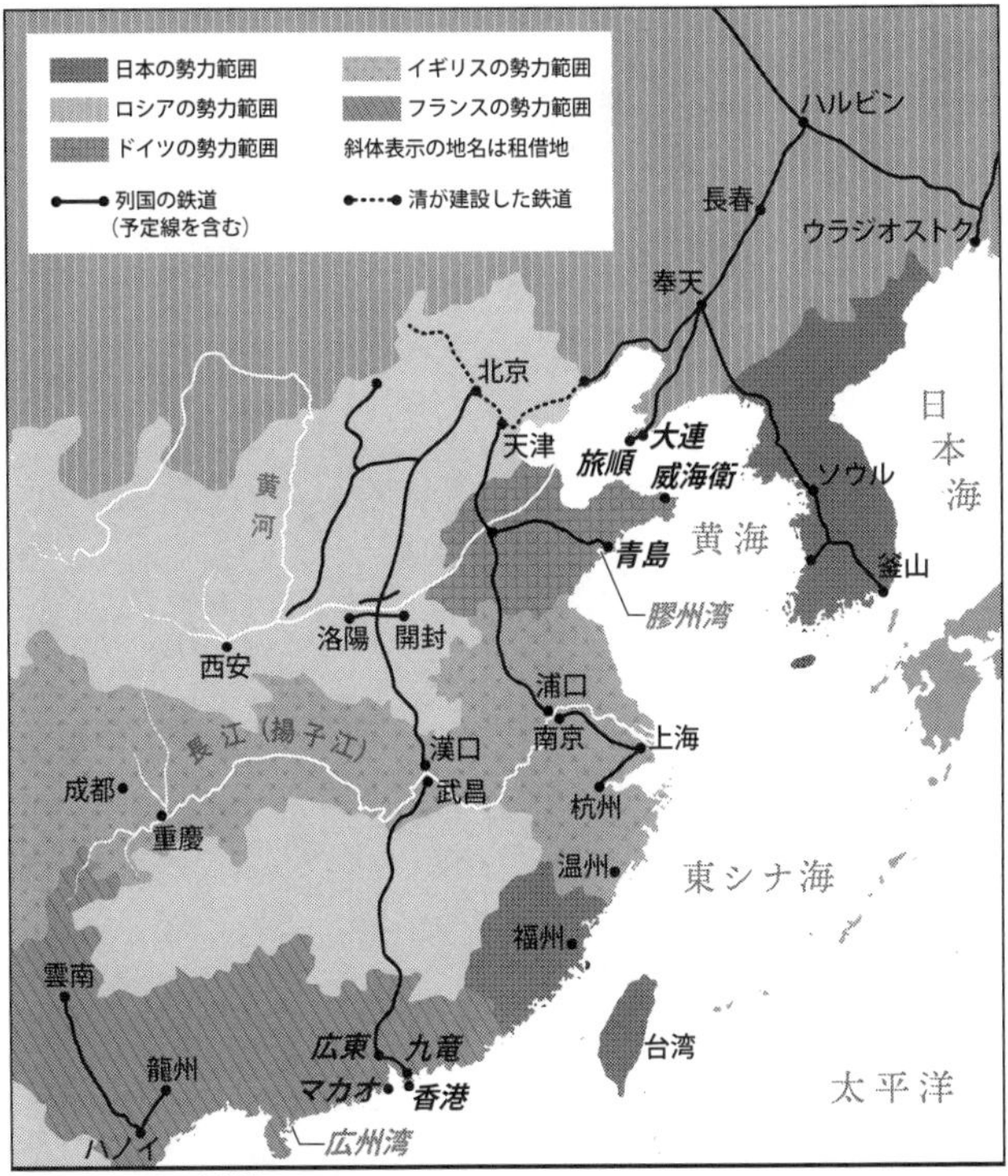

図表3／中国の分割競争（集英社版『日本の歴史⑱　日清・日露戦争』より）

佐藤―「魚は頭から腐る」と言うとおり、根本的にはエリート層、指導部の問題です。愚かな指導者をもった国家がどうなっていくか。清国には、高い教育を受けて外国語もよくできる官僚たちが大勢いました。でも誰も民衆のことを考えていなかったのでしょう。自分たちの利益のことだけしか考えていなかったのです。

リベート（賄賂）をフトコロに入れることばかり考え、自分は御殿みたいな豪邸に住んでいる。自分と一族だけ、自分たちのグループの生活さえ良ければそれでいい。民衆のことを考えていない指導者がエスタブリッシュメント（支配階級）になると、たった5年間でこれだけのことが起きてしまうのです。

安部―北清事変が起こったとき、西太后《さいたいこう》[*6]は彼らを支持しました。「自分の周辺にいる官僚たちはほとんどアテにならない」という厳しい現実に直面し、「今戦っている義和団の連中のほうが、国の未来を真剣に考えてくれている」と共感したからでしょう。それもまた錯覚だったわけですが。

佐藤―その可能性は十分ありますね。

■ 絹織物と羽　輸出産業が確立した金本位制

佐藤―日清戦争によって金本位制が確立したことは、日本の経済発展を爆発させる決定的な要因でした。

安部―１８７１（明治４）年の段階で、一応日本も金本位制を導入したことにはなっています。金本位制のもとで発行された通貨は、「物体としての金と通貨をいつでも交換できる」という前提でなければなりません。金を大量に保有しているという絶対的な裏づけがあれば、その国の通貨は「価値が高い」と国際的に信用されます。明治初期の日本の円は、実際のところ銀本位制のままでした。

佐藤―日本に先立って、イギリスやドイツ、フランスやアメリカなど列強諸国はいち早く金本位制を確立しました。清国から得た巨額の賠償金を裏づけとして、日本は１８９７（明治30）年にとうとう金本位制の確立に成功します。

安部―国際社会の中で、日本の円はポンドやマルク、フランやドルと同じく高い信頼を獲得しました。

佐藤―金本位制が確立するとは、いったい何を意味するのか。コンピュータで喩《たと》えると、プログラミングの共通言語をもつようなものです。日本は欧米諸国と対等な立場で、堂々と輸出入の取引ができるようになったのです。

金本位制を確立した日本は、それまでの問屋制家内工業から工場制大工業に移行し、紡績《ぼうせき》業を爆発的に発展させていきます。19世紀終わりから20世紀初頭にかけて、世界的に絹織物《きぬおりもの》がものすごい勢いで普及していきました。飾りとして帽子につける羽も、ヨーロッパで流行していきます。日本で採れるアホウドリの上質な羽は、ヨーロッパでたいへん重宝されました。

安部─欧米列強の経済圏に仲間入りしたことこそ、2億両の賠償金のソリューション（帰結）でした。清国から分捕ってきたカネを金本位制の原資にして、国際社会に仲間入りするためのパスポートを買ったようなものです。

それともう一つ、植民地を得たことによって、日本はモノを売る市場と原料の輸入先を獲得しました。絹糸《けんし》と綿糸《めんし》を作るための巨大工場が相次いで建てられていくわけですが、実を言えばこれは国内市場向けというよりも、植民地の市場向けです。植民地でどんどん絹糸や綿糸を売ってキャッシュを手に入れ、日本はさらに国際競争力を身につけていきました。

生産体制と増産技術を確立し、商品を売りさばく流通経路とシステムを完成させた。こうして日本はどんどん帝国主義国化し、先進国に追いついていったのです。

佐藤─綿糸の生産量が大きく伸びたことが、何を意味するのでしょう。国民の生活レベルが上がり、服をたくさんもつようになったのです。昔は一つ服を買ったら、ツギを当てながら何年も大事に着ていました。それが、生活水準が上がり、民衆まで含めてオシャレするようになったのです。

国内で民衆が貧乏生活を送り、自分たちが着られない高い洋服を輸出していたわけではありません。「飢餓輸出」状態だったわけではなく、民衆の生活水準が上がりながら輸出産業が活性化していったのです。

後発国ならではの優位性もありました。機械や工場を手探りでイチから造る必要なんてありません。すでにきちんと工場で使える紡績機ができていましたので、欧米が使っているものをそのまま輸入してくれば済みました。

■明治維新で農村が解体されなかった恩恵

佐藤─恐慌《きょうこう》が起きるたび、19世紀のイギリスでは失業者が町にあふれ返りました。どうしてかというと、イギリスでは農村がすでに解体されていたからです。日本は後発資本主義国ですから、19世紀の段階ではまだ農村が解体されていませんでした。農村には旧来型の制度が残っています。たとえ失業しても、農村に戻れば仕事があるし食っていけたのです。労働者が失業するとスラム（貧民街）ができて大変ですし、反政府的なさまざまな社会主義運動が噴出します。ドイツやフランスと比べると日本の失業者は数が少なく、社会主義運動も緩《ゆる》いものでした。

安部　第1次産業革命が始まってからも、日本では寄生地主が地方の農村の小作人を守っていました。もちろん寄生地主は小作人からおおいに搾取《さくしゅ》しているわけですが、収奪《しゅうだつ》をしながらも最低限の生活ラインは守っています。

1900年代に入ってから、日本でも第2次産業（製造業や建設業）、第3次産業（商業や金融業、サービス業）の人口が50％を超えるようになりました。それでもまだ第1次産業（農林水産業）の労働人口が半分残っているわけです。1945（昭和20）年の段階でも、農村人口はまだ全体の半分近くを占めていました。

明治維新が始まってから、農民は出稼ぎに出たり都市労働者に変わっていきます。それでもなお、第1次産業の労働人口は半分近く維持されていたのです。

■軍事の基礎を支えた農業と食糧供給

佐藤―日清戦争後の日本で第１次産業革命が進むなか、外貨を稼げるモノ作り産業よりも、農業のほうが下に見られていたわけではありません。農業は依然としてたいせつにされていました。明治時代の東京帝国大学農学部は、ものすごい難関学部だったのです。東大農学部は、今でも文京区弥生《やよい》に大きなキャンパスをもっています。戦争の時代において、なぜ農業が重要だったのでしょう。富国強兵の基礎は農業だからです。

安部―軍隊でおなかいっぱい食べられなかったら、兵隊が戦場で戦えませんからね。

佐藤―「農業は軍事の基礎である」という考え方が為政者たちの中にあったので、彼らはものすごく力を入れて農業を育成しました。だから戦前の農林学校は、とても地位が高かったのです。柳田《やなぎた》國《くに》男《お》*7の専門は農政学でした。

安部―明治時代の日本兵は、どんな食事をしていたのでしょうね。

佐藤―『帝国陸軍戦場の衣食住』（学研プラス）というムック本や、軍隊関係に強い潮書房光人新社からムック本がたくさん出ています。それを読むと、明治時代の軍隊のレシピがおそろしく充実しているのです。

陸軍省が1910（明治43）年に編纂《へんさん》した『軍隊料理法』というレシピ本は、国立国会図書館のウェブサイトにアクセスすると全ページ読めておもしろいです（https://dl.ndl.go.jp/info:ndljp/pid/849015）。シチュー、カツレツ、コロッケ、オムレツ、カレー、メンチビーフ、ロールキャベツなど、洋食のメニューも充実しています。

安部―それはすごい。農村出身の青年兵は、軍隊に入ってさぞかしびっくりしたでしょうね。

佐藤―「こんなウマイ食べ物が世の中にあるのか」と驚いたはずです。「肉や魚、タンパク質を大量に食べさせなければ強い兵隊にならない」という先入観がありましたので、肉や魚は軍隊に優先的に供給されました。

甘い菓子部門は、まんじゅうに蒸しようかん、栗《くり》きんとんまで揃《そろ》っています。工業化によって農村や漁村が解体されず、農漁業が強かったことが、富国強兵に邁進《まいしん》する兵隊の胃袋を支えました。

■金日成主席の目線で書かれた北朝鮮の歴史教科書

安部―本書を通じて、日清戦争をさまざまな角度から総ざらいしてきました。つまるところ、日清戦争とは朝鮮をめぐる覇権の争いだったわけです。にもかかわらず、日本は「朝鮮半島の植民地支配」という負の歴史を、狡猾《こうかつ》に巧妙に隠して忘却してきました。

佐藤―日清戦争、日露《にちろ》戦争という日本史を語るときに、朝鮮人の存在はまるでノイズのように消去されてきました。まるでパソコンの「delete」(消去)キーを押すように、朝鮮人が流した血について、頭の中の編集作業で消去してきたのです。

北朝鮮・平壌《ピョンヤン》の外国文出版社は日本語の本をたくさん出していまして、『現代朝鮮史』という本があります。この本を読むと、甲午農民《こうごのうみん》戦争や日清戦争、三・一独立運動の比重がすごく低いのです。近代史の記述は、金日成《キム・イルソン》主席のひいじいさん(金膺禹《キム・ウンウ》)が、平壌に入ってきたシャーマン号を撃退するところから始まります。

安部―北朝鮮は、日本とは別の意味で歴史を編集しているのですね。

佐藤―民衆にとって正しい指導者、正しい領導《りょうどう》者とはどういう人物か。北朝鮮では、指導者の観点から歴史を見なければいけないのです。

安部―なるほど。金日成主席の立ち位置にフォーカスしているから、北朝鮮の歴史観は民衆運動には冷ややかなのですね。

佐藤―「正しい金日成主席のような指導者がおられなかったから、かつての朝鮮はこんなに苦しんだのだ」という感じです。

■まるで「テロリスト列伝」のような韓国の歴史教科書

佐藤―韓国の歴史教科書は、日清戦争のころの時代の描き方が、日本とも北朝鮮とも全然異なります。

安部―韓国の歴史教科書は、明石《あかし》書店という出版社が翻訳出版しています。

佐藤―それを読むと、まるでテロリスト列伝みたいですよ。意外なことに、安重根《アン・ジュングン》＊8の扱いが小さいのです。

安部―伊藤博文《いとうひろぶみ》の暗殺をやり遂げたのに、なんで扱いが小さいのですか。

佐藤―「ねらった的が小さすぎる」という理由でしょうね。大韓民国の義士の中には、天皇の命をねらった朴烈《パク・ヨル》＊9のような人物もいた。綿密な作戦と義士の勇気があれば、天皇を暗殺して歴史を変えることができたはずだ。ほかの連中の勇気が足りなかった――そう言わんばかりです。

戦後の韓国は、反共国家として共産主義運動を大弾圧してきました。ですから、教科書にはマルクス主義運動の民衆史や「人民が歴史を作ってきた」という記述が入っていません。一部の義士だけをクローズアップした、義士の列伝みたくなっているのです。ロシアと中国、韓国の教科書を読み比べると、韓国の歴史教科書がいちばん普遍性がありません。

安部―そこは儒教文化の影響かもしれませんね。戦前に編纂された日本の郷土史も、まさに「立派な人列伝」みたいな感じです。

佐藤―その代表格が、薪《まき》を背負って歩きながら本を読んでいた二宮尊徳《にのみやそんとく》ですよね。

プリズムの当て方によって、歴史の見え方はまったく変わってきます。片一方の見方だけで突っ走るのではなく、プリズムの角度をあちこちに変えながら歴史を反芻《はんすう》する。その地道な作業を積み重ねるなかでしか、歴史の教訓は客観的に読み取れません。

安部―当初は、『対決！ 日本史3　日清戦争から日露戦争篇』と銘打って佐藤さんとの対談を開始したところ、日清戦争について語り合うだけで1冊分の分量に達してしまいました。この続きは『対決！ 日本史4　日露戦争篇』でおおいに語り合いましょう。

あとがき

佐藤優

安部龍太郎との共著はこれで3冊目だ。安部との対談から私はいつも強い刺激を受けている。特に三つの点においてだ。

第1に、安部が対象となる時代の文献を広範かつ深く読み込んでいることだ。本書に関しては、吉田松陰《よしだしょういん》の獄中記『幽囚録《ゆうしゅうろく》』を実に深く読み込んでいる。現在も松陰を礼賛《らいさん》する政治家や論壇人《ろんだんじん》が多いが安部の評価は異なり、以下の見方を示す。

〈1856（安政3）年、獄中に囚《とら》われていた吉田松陰は『幽囚録』という文書を書きます。

この文書に、大東亜共栄圏構想の萌芽《ほうが》とも言うべき帝国主義構想があからさまに書かれて

いるのです。（中略）
急いで軍備を整備し、北海道を開墾して諸藩主に土地を与えて統治させ、カムチャツカとオホーツクを勝ち取ったあとは、琉球、朝鮮、満州、台湾、ルソン諸島まで支配下に収めるべきだと吉田松蔭は言っています。のちに明治政府が、そして大日本帝国がやったことはこれなんです〉（本書77～78頁）

私も『幽囚録』を読んだことがある。本書でも触れたが、松陰に関心を持ち、山口県萩《はぎ》市にある野山獄《のやまごく》の跡を訪ねたことがある。鈴木宗男事件に連座して私は東京拘置所の独房に512日間勾留《こうりゅう》された。それからあまり時間が経《た》たない時期に野山獄についての解説を読んで衝撃《しょうげき》を受けた。狭い場所に多くの囚人を収容し、身動きができないばかりか、空気すら不足するような牢だった。東京拘置所の独房が楽園のように思えてきた。このような難を克服して、劣悪な環境に負けずに松下村塾《しょうかそんじゅく》という教育機関を作り、後進の育成にエネルギーを投入した松陰の魅力にとらわれてしまったため、私は『幽囚録』を読んでも、そこ《そこ》にある危険な帝国主義思想を捉え損ねてしまったのだ。安部も松陰の人柄には感動したことと思う。しかし、人柄と思想は別だという冷静な眼がある。今回の対談を通じて安部には優れたインテリジェンス分析家と共通する資質があることを認識した。
第2は、安部には過去の歴史を21世紀の日本の現実と結びつけて解釈《かいしゃく》することができるアナロジー（類比）の眼が備わっていることだ。ここが歴史学者と歴史小説家の大きな違いと思う。歴史学者は実証性に拘《こだ》わる。そのため過去の歴史的出来事を現在の問題と結びつけることについては抑制的だ。対して歴史小説家は、過去の歴史的事実を基礎に起きながらも、あらたな人物や出来事を創作することによって人間を描き出す。我々は歴史小説を読むことで、登場人物が活躍する時代にタイムスリップし、別の人生を代理体験する。この代理体験により広がった視座によって、自分が生きている現実を解釈する。安部は、西南戦争後の松《まつ》方《かた》財政と、ウクライナ戦争が始まるまで日本でも深刻だったデフレ現象を類比的に解釈している。この点について私と安部は以下のやりとりをした。

〈安部〉まさに「本源的蓄積」であり「原始的蓄積」です。古い封建社会が壊れて資本主義が成立する過程で、資本は必然的に一部の特権階級に集中します。江戸時代に260年も続いた封建体制をぶっ壊すためには、明治期の日本で「本源的蓄積」「原始的蓄積」を引き起こすことが必要でした。

松方財政によって意図的にデフレを引き起こし、税制を操作して税的優遇措置を採る。日本社会に大金持ちと企業家を作り、彼らに国有財産をどんどん払い下げていきました。
佐藤―「政商の誕生」とも言えます。政治の力を巧妙に使いながら、富がますます集中する方向へ振れていく資本家が日本社会で誕生しました。
安部―その流れは今日でも続いていますよね。昭和時代、日本のすべての大企業は大蔵省(現在の財務省)や金融監督庁(現在の金融庁)、通産省(現在の経済産業省)の顔色ばかりうかがっていました。何か困ったことがあったらすぐ役所に相談する態勢は、今も続いています〉(本書52〜53頁)

デフレ政策は、大企業に資本を蓄積させ、格差を拡大する結果をもたらす。これが21世紀になっても繰り返されたのだ。しかし、デフレによって日本の経済構造は弱くなった(円安はその例だ)。ウクライナ戦争以降、世界的にインフレが昂進《こうしん》するようになった状況で、物価だけが上がり、勤労者の賃金や農民や個人事業主の所得が物価上昇に追いつかない状況は大いに考えられる。この状況を突破するシナリオの一つが戦争で需要を作り出すことだ。平和国家である日本がそのような方向に向かわないようにするために「闘う言論」を展開することが論壇人に要請されていると思う。
第3は、安部が民衆が主人公という価値観に立って歴史を見ていることだ。それは自由民権運動の評価において端的《たんてき》に表れている。

〈**安部**〉明治6年の政変によって失脚した板垣退助《いたがきたいすけ》は、1881（明治14）年に自由党を結成しました。ところが結党からわずか4年目の1884（明治17）年に、自由党を解散します。なぜ解散したのか。松方財政が引き起こしたデフレに反発した民衆が、秩父《ちちぶ》事件や福島事件といった一揆《いっき》を各地で引き起こしたからです。一揆の中心になったのは自由党の党員でした。

佐藤　1882（明治15）年、福島県で自由党員や農民が弾圧される福島事件が起きました。1884（明治17）年には、秩父地方（埼玉県西部）の農民が困民党《こんみんとう》を結成し、自由党員といっしょに秩父事件を引き起こします。
秩父事件はものすごい規模でして、1万人の農民が高利貸しの金融業者や警察を襲撃《しゅうげき》し、武装蜂起《ほうき》しました。ちなみに2004年には、秩父事件を描いた映画「草の乱」が公開されています。

同じ年には、茨城県の加波山《かばさん》で自由党員による加波山事件も起きました。
安部―卑怯《ひきょう》なことに、板垣退助は一連の一揆の先頭に立とうとしません。自由党を解散することによって、自分に火の粉がかかるのを避けたのです。この一点こそ、板垣が民衆の側に立っていないことの何よりの象徴ではないでしょうか。
佐藤―そう思います。福島事件や加波山事件は、怒れる一部のエリート層が起こした事件でした。対して秩父事件は両者とはだいぶ位相が違います。
安部―そうですね。
佐藤―秩父事件は完全に民衆が主体でした。だから1万人もの規模にまで武装闘争が膨らんだのです〉（本書69〜70頁）

安部は板垣退助は卑怯だと厳しく批判する。私もそう思う。同時に今日においても民衆を利用するが、民衆の側に立たない政治家が少なからずいる。こういう卑怯な人々を民主的選挙において放逐《ほうちく》し、民衆の立場に立つ確固たる価値観を持った政治家を政界に送り出したい。

本書を上梓《じょうし》するにあたっては潮出版社の幅武志氏にたいへんにお世話になりました。どうもありがとうございます。

２０２２年11月２日、曙橋（東京都新宿区）の自宅にて

■後注

■序章

＊1　治安維持法　1925（大正14）年に成立した代表的弾圧法規。社会運動の発展に対処し、国体変革や私有財産制の否認を目的とする結社・運動を厳禁した。のちに死刑を付加。さらに41（昭和16）年の改正で予防拘禁制を採用。特高警察と結合し、いっさいの反政府・反軍部的言動に拡大解釈で適用されるに至った。45（昭和20）年10月廃止。

＊2　特高警察　明治末期から第2次世界大戦の敗戦まで、思想犯罪取り締まりに当たった警察。1928（昭和3）年までには全国に設置され、国民の思想・言論・政治活動を弾圧した。

＊3　真宗大谷派　浄土真宗十派の一つ。第12世教如が、徳川家康の寄進を受けて烏丸に東本願寺を建立し、その後、独立。1881（明治14）年に東派から大谷派に改称。

＊4　アゾフ連隊　ウクライナ東部マリウポリを拠点とした準軍事組織。親ロシア派に対抗する自警団として発足。のちにウクライナ国家親衛隊（警備隊）東部作戦地域司令部の部隊となる。アゾフ連隊を立ち上げたビレツキーは極右政党のトップで、ウクライナ侵攻前はロシアだけでなく、西欧諸国でもビレツキー氏を「ネオナチ」と非難し、アゾフ連隊を危険視していた。

■第1章

＊1　西南戦争　1877（明治10）年、西郷隆盛らが鹿児島で起こした不平士族最後の反乱。征韓論に敗れ帰郷した西郷は士族組織として私学校を結成。その生徒らが西郷を擁して挙兵。熊本鎮台を包囲するも政府軍に鎮圧され、西郷は郷里の城山で自刃した。

＊2　インフレーション　物価が上昇し続ける現象で、経済状態の好況時に発生する。具体的には、モノがよく売れるため、事業業績が上昇し、従業員の給与も上がるなど好循環をもたらす。半面、給与の上昇が物価の上昇に追いつかないなどマイナス作用ももたらす。

＊3　**金本位制**　金を貨幣価値の基準とし、他の貨幣と金との自由な交換（兌換）や、金の自由な輸出入を認める制度。日本では1871（明治4）年に採用したが、貿易決済には銀を用い、国内でも実質的には銀本位制に変わった。のちに日清戦争の賠償金を準備金として、1897（明治30）年に名実ともに採用した。

＊4　**明治14年10月の政変**　大隈重信と伊藤博文らは国会開設時期に関して対立。反大隈派は、開拓使官有物払下事件を大隈が福澤諭吉らと結んで行った反政府陰謀として、大隈とその一派が罷免された。同時に伊藤らは10年後の国会開設を公約し、開拓使官有物払下を中止。これにより伊藤・井上馨を中心とする薩長藩閥政権を確立した。

＊5　**大隈重信**［1838～1922］政治家。明治14年10月の政変で失脚。翌年立憲改進党を組織、東京専門学校（のちの早稲田大学）創立。のち外相となり条約改正に当たったが、玄洋社員に襲われ、右足を失い辞職。1898（明治31）年に憲政党を結成し、板垣退助と隈板《わいはん》内閣を組織。1914（大正3）年、第2次内閣を組織し、第1次世界大戦に参戦、対華二十一ヵ条要求を強行した。

＊6　**デフレ**　デフレーションの略称。継続的にモノの値段が下がり続け、経済全体が収縮していくこと。モノの値段が下がると給与が下がり、給与が下がると消費が控えられ、モノが売れないことで、モノの価格がさらに下がるという悪循環が続く。

＊7　**地租改正**　明治政府による土地・租税制度の改革。1873（明治6）年、土地の私的所有を認め、豊凶に関係なく地価の3％を金納とした。のちに軽減を要求して各地に農民一揆が起こり、1877（明治10）年に税率を2・5％に引き下げた。

＊8　**岩崎彌太郎**［1835～85］実業家。三菱財閥の創始者。藩船などの払い下げで三菱商会を創設し、海運業に進出。佐賀の乱・台湾出兵・西南戦争で軍事輸送にあたり巨利を博し、三菱財閥の基礎を確立した。

＊9　**三井財閥**　三菱・住友とならぶ三大財閥の一つ。江戸時代の代表的な豪商であった三井家が明治前半に政商として発展。1909（明治42）年設立の持株会

社三井合名会社を中心として金融・軽工業・商業・鉱山など広い部門にわたるコンツェルンを築いた。

＊10 **新島襄**［１８４３〜90］教育家。密出国して渡米。アマースト大学卒業。岩倉使節団に随行し欧米の教育制度を視察後、同志社英学校（のちの同志社大学）を創立。キリスト教精神に基づく教育に専念した。

＊11 **新渡戸稲造**［１８６２〜１９３３］教育者・農政学者。札幌農学校卒業後、米・独に留学。東京帝国大学教授・東京女子大学初代学長などを歴任。国際連盟事務次長、また太平洋問題調査会理事長として国際理解と世界平和に尽力。著書『武士道』など。

＊12 **内村鑑三**［１８６１〜１９３０］無教会派キリスト教伝道者。札幌農学校在学中に受洗。聖書研究会を開いて無教会主義を唱えた。足尾銅山鉱毒反対運動に関わり、日露戦争に際しては非戦論を主張した。

＊13 **佐幕派** 幕末に幕臣や譜代大名が中心となって、反幕府勢力の勤王派に対して幕府政策を擁護した。

＊14 **福澤諭吉**［１８３５〜１９０１］啓蒙思想家・教育家。大坂で蘭学を緒方洪庵に学び、江戸に蘭学塾（のちの慶応義塾）を開設。３度にわたり幕府遣外使節に随行して欧米を視察。維新後、新政府の招きに応ぜず、教育と啓蒙活動に専念した。

＊15 **関税自主権** 独立国がその主権に基づいて自主的に関税制度を定め、運営する権利。日本が幕末に欧米諸国と結んだ修好通商条約では、自主権がなかった。１９１１（明治44）年、改正交渉が成功。

＊16 **治外法権** 国際法上、特定の外国人が所在国の法律、特にその国の裁判権に服さない権利。外国の元首・外交使節とその家族などに認められる。幕末の安政の五カ国条約で諸外国に認めた特権は、一般の外国人にも国法が適用されない領事裁判権（不平等条約）。１８９４（明治27）年、イギリスとの間で撤廃に成功。

＊17 **調所広郷**［１７７６〜１８４９］薩摩藩家老。島津重豪《しげひで》・斉興《なりおき》に仕えて藩の財政を再建したが、密貿易が幕府に発覚して自殺。

＊18　**関ヶ原の戦い**　1600（慶長5）年、関ヶ原で、石田三成らの西軍と、徳川家康らの東軍とが天下を争った戦い。小早川秀秋の寝返りにより東軍が大勝し、石田三成らは処刑。豊臣秀頼は60万石の大名に転落した。これにより徳川氏の覇権が確立した。

＊19　**沈壽官**　薩摩焼の陶芸家の名跡。初代・沈当吉は、豊臣秀吉の朝鮮出征（慶長の役）で、日本に連行された朝鮮人技術者のひとり。その一族は李氏朝鮮4代世宗大王の昭憲王后を始め、領議政（国務総理）9人、左議政、右議政（副総理）、4人等を出した名門。

＊20　**太宰治**［1909～48］小説家。旧制弘前高校に入って左翼思想に傾倒、大地主の子であることに屈折した罪意識を抱くようになった。のちに井伏鱒二に師事。自虐的、反俗的な作品を多く発表。玉川上水で入水自殺。著作『津軽』『斜陽』『人間失格』など。

＊21　**プロレタリアート文学**　プロレタリアート（労働者・農民）の階級的自覚と要求に基づき、その思想と感情を描き出した文学。日本では、1921（大正10）年創刊の同人雑誌『種蒔く人』を出発とし、のち『文芸戦線』『戦旗』などを中心に展開された。1934（昭和9）年の政治的弾圧で壊滅。

＊22　**マルクス**［1818～83］ドイツの経済学者・哲学者・革命家。科学的社会主義の創始者。ヘーゲル左派として出発し、エンゲルスとともにドイツ古典哲学を批判的に摂取して弁証法的唯物論、史的唯物論の理論に到達。これを基礎に、イギリス古典経済学およびフランス社会主義の科学的、革命的伝統を継承して科学的社会主義を完成した。また、共産主義者同盟に参加、のちに第1インターナショナルを創立。著作『哲学の貧困』『共産党宣言』『資本論』など。

＊23　**トルストイ**［1828～1910］ロシアの小説家・思想家。人間の良心とキリスト教的愛を背景に、人道主義的文学を樹立。晩年、放浪の旅に出て、病死。著作『戦争と平和』『アンナ・カレーニナ』など。

＊24　**ナロードニキ運動**　農奴解放（1861年）後の19世紀後半のロシアで、農民の伝統的共同体の力を背景に帝政を打倒しようとした一派による革命運動。「人民主義者」の意。

＊25　トカチョフ〔１８４４〜85〕ロシアの革命家。ジュネーブ、次いでロンドンで革命的新聞「警鐘（ナバート）」を発行。そのなかで少数の職業的革命家が中央集権的組織をつくって革命を指導し、政権を掌握すれば、革命的独裁によって敵を消滅できると主張した。このような革命理論から、彼はレーニンの先駆者とか「最初のボリシェビキ」とよばれることがある。

■第2章

＊1　自由民権運動　１８７０年代後半から80年代にかけて、政府の専制に反対し参政権と自由および自治を主張して、憲法制定、国会開設に至る状況をつくり出した運動。

＊2　西郷隆盛〔１８２８〜77〕政治家。討幕の指導者として薩長同盟・戊辰戦争を遂行。維新の三傑の一人。新政府の参議・陸軍大将となるも、征韓論に関する明治6年の政変で下野、帰郷。西南戦争に敗れ、城山で自殺。

＊3　板垣退助〔１８３７〜１９１９〕政治家。愛国公党を結成し民撰議院設立建白書を提出、自由民権運動を指導した。１８８１（明治14）年に自由党結成。大隈重信と日本最初の政党内閣を組織、内相となる。

＊4　明治6年の政変　１８７３（明治6）年に起きた政府内部が分裂した政変。征韓論を主張する西郷隆盛や板垣退助らと、内治優先を主張する大久保利通や木戸孝允らが激しく対立。征韓派は敗れて政府を去り、大久保を中心とした政権が確立する結果となった。のちの自由民権運動の広がりや、西南戦争はじめ各地で発生した不平士族の反政府反乱のきっかけともなった。

＊5　征韓論　明治初期の対朝鮮強硬論。特に１８７３（明治6）年に西郷隆盛・板垣退助らによって排日・鎖国下の朝鮮に出兵しようとした主張をさす。

＊6　大久保利通〔１８３０〜78〕政治家。討幕派の中心人物で、薩長同盟の推進者。維新の三傑の一人。廃藩置県などを敢行。参議・大蔵卿・内務卿を歴任し、新政府の指導的役割を果たすも不平士族により暗殺。

＊7　オリガルヒ　ロシアやウクライナなどの旧ソ連

諸国の資本主義化（おもに国有企業の民営化）の過程で形成された政治的影響力をもつ新興財閥。

＊**8**　**秩父事件**　１８８４（明治17）年、秩父地方の農民が困民党を組織し、自由党員とともに高利貸しへの返済延長や村民税の減税などを要求して蜂起した事件。武装した1万人近い農民が高利貸しを襲撃、郡役所・警察などを占領。軍隊の出動によって鎮圧。

＊**9**　**福島事件**　１８８２（明治15）年、福島県の自由党員や農民が弾圧された事件。県会議長河野広中ら自由党員が、福島県令三島通庸《みちつね》の県会無視の施政に反対して対抗。会津の農民が道路建設の夫役《ぶやく》に反対して警官と衝突した際、河野らも検挙され、国事犯に問われた。

＊**10**　**加波山事件**　自由民権運動の激化事件。１８８４（明治17）年、自由民権運動を圧迫する栃木県県令三島通庸の暗殺を計画した栃木・茨城・福島の自由党員急進派16人が、茨城県加波山を拠点に蜂起も、間もなく鎮圧された事件。富松正安ら7人が死刑。

＊**11**　**伊藤博文**［１８４１〜１９０９］政治家。吉田松陰に学び、倒幕運動に参加。初代総理大臣。枢密院・貴族院の初代議長を歴任。立憲政友会総裁を務め、日露戦争後に初代韓国統監となるが、安重根により暗殺。

＊**12**　**黒岩涙香**［１８６２〜１９２０］ジャーナリスト・翻訳家。翻訳小説『巌窟王』（モンテクリスト伯）『噫《ああ》無情』（レ・ミゼラブル）で人気を博し、大衆新聞「萬朝報《よろずちょうほう》」を創刊。社会悪を糾弾する姿勢などで部数を伸ばした。日露戦争直前に非戦論を主張するものの主戦論に転じ、のち護憲運動やシーメンス事件に活躍した。

＊**13**　**朝貢**　諸侯や外国の使いが来朝して、朝廷に貢物をさし出すこと。

＊**14**　**冊封体制**　中国皇帝が周辺諸国の王・首長に爵位・称号を与えることで生じる君臣関係。日本では漢《かんの》委奴《わのなの》国王が漢から金印を、卑弥呼が親魏倭《しんぎわ》王の称号を、倭の五王が安東将軍の称号を、足利義満が日本国王の称号をうけるなど、君臣関係として朝貢した。

＊15　李氏朝鮮　朝鮮の最後の統一王朝。１３９２年、太祖李成桂が高麗を滅ぼして即位、翌年国号を朝鮮と定めた。首都は漢城（現在のソウル）で朝鮮半島全土を領有。16世紀末から豊臣秀吉の侵入を受け、17世紀には清に服属。日清の対立後の１８９７（明治30）年に国号を大韓帝国と改称。日露戦争後に日本の保護国となり、１９１０（明治43）年、日本に併合されて滅んだ。

＊16　李太王［１８５２～１９１９］李氏朝鮮第26代の王・高宗。大院君の第２子。12歳で即位。妃は閔妃《びんび》。国内の権力抗争、日清の対立、日本の侵略に苦しみ、ハーグ密使事件で日本に退位を強制され、のち毒殺された。

＊17　大院君［１８２０～98］李氏朝鮮末の王族・政治家。李太王の父。李太王初期に権力を握ったが、極端な排外鎖国政策と天主教迫害で外国の干渉を受け、また皇后閔妃一派と争って敗れ、失脚した。

＊18　閔妃［１８５１～95］李太王の妃。清朝と結んで摂政の大院君を退け、守旧派（事大党）を重用して親清政策をとる。日清戦争後はロシアに接近、反日政策の展開により、日本公使三浦梧楼《ごろう》らに殺害された。

＊19　江華島事件　１８７５（明治８）年、日本の軍艦・雲揚号が江華島付近で挑発行為をし、江華島砲台と交戦した事件。これを機に欧米列強にならうやり方で、鎖国政策をとる朝鮮に開国を強要し、翌年不平等条約である江華条約を結んだ。

＊20　江華条約　江華島事件後、１８７６（明治９）年に日本が朝鮮の開国を求め、締結させた条約。日朝修好条規ともいう。日本の一方的な領事裁判権を定め、朝鮮の関税自主権を認めないなどの不平等条約。

＊21　儒教　孔子の教説を中心とする思想、教学、祭祀の総称。中国仏教、道教とともに中国における中心的な哲学体系。日本には４～５世紀頃に伝来し、十七条憲法、大化の改新の律令制の理念などに大きな影響を与え、大宝律令制定後の大学寮においても必須科目とされたが、仏教思想が支配的であったため教学として特に目立った展開はみられなかった。しかし、近世初期に藤原惺窩《ふじわらせいか》が出て以来、林羅山《はやしらざん》ら多くの儒家が登

場して、江戸時代にはめざましい展開がみられた。

＊22 吉田松陰 ［1830〜59］ 尊皇論者。欧米遊学を志し、ペリーの船で密航を企てたが失敗して入獄。出獄後、萩に松下村塾を開き、高杉晋作、伊藤博文らの多くの維新功績者を育成。安政の大獄で刑死。

＊23 『幽囚録』 1854（嘉永7）年、ペリーが日米和親条約締結のために再航した際、旗艦・ポーハタン号に乗船するも、渡航を拒否された吉田松陰は、国《くに》許《もと》蟄居、長州へ檻《かん》送《そう》、のちに野山獄に幽囚された。松陰はこの獄中で密航の動機とその思想的背景を『幽囚録』に記した。

＊24 マシュー・ペリー ［1794〜1858］ 米国の海軍軍人。東インド艦隊司令長官として、1853（嘉永6）年に4隻の軍艦を率いて浦賀に入港し開国を要求。翌年、再来日し、武力を背景に日米和親条約を締結。

＊25 昌平坂学問所 江戸幕府の学問所。1630（寛永7）年に林羅山が設立した私塾に始まり、のちに将軍・徳川綱吉の命により湯島に移転、寛政異学の禁のとき幕府直轄の学問所となる。朱子学を正学として幕臣・藩士などの教育にあたる。明治維新後に昌平学校、次いで大学校と改称されたが、1871（明治4）年閉鎖。

＊26 陽明学 中国、明の王陽明が唱えた儒学説。形骸化した朱子学の批判から出発し、心即理《しんそくり》・知行合《ちこうごう》一《いつ》・致良知《ちりょうち》といった実践論理を主要な思想とする。

＊27 大塩平八郎 ［1793〜1837］ 陽明学者。大坂町奉行所与力を辞職し、私塾洗心洞《せんしんどう》で子弟の教育にあたる。1836（天保7）年の飢饉で奉行所に救済を請うたが容れられず、蔵書を売って窮民を救った。のちに幕政を批判して大坂で兵を挙げたが、敗れて自殺。

＊28 日韓併合 日本が韓国を領有して植民地としたこと。日露戦争中の第1次日韓協約で財政・外交の顧問に日本人を採用させ、次いで露戦争後の第2次日韓協約で外交権を掌握し、統監府を設置。1910（明治43）年に併合に関する条約を締結して完全な植民地

とした。

■第3章――――

＊1　**万世一系**　天子（皇室）の血統が永遠にわたって、かわらず続くこと。

＊2　**軍人勅諭**　1882（明治15）年、明治天皇が軍人に下した勅諭。〈陸海軍軍人に賜はりたる勅諭〉の略称。参謀本部長の山縣有朋が西周に起草させた。大元帥である天皇が直接軍の統帥に当たること、天皇への忠節を第一とし、礼儀・武勇・信義・質素の5徳目を掲げ、天皇への絶対的服従を強調した。

＊3　**立憲君主制**　君主の権力を憲法によって制限する政治形態。絶対君主を打倒して近代国家を形成した17世紀のイギリスにおいて最初に確立された。制限君主制とほぼ同一で、絶対君主制と相対する。

＊4　**プロシア**　1701年にドイツ北東部に成立した王国。プロイセンともいう。2代国王のフリードリヒ＝ヴィルヘルム1世が、制度を整え、軍備も増強して絶対王政の基礎を築く。3代国王のフリードリヒ2世（大王）は、啓蒙思想を取り入れ、農民の保護、農耕業の奨励、教育の充実、宗教の寛容政策などを実施し、典型的な「啓蒙専制君主」となった。

＊5　**君主制**　特定の1人が国の主権者（君主）である国家・政治形態。君主制政治の原型は世襲制に基づく専制支配で、すでに古代社会にみられ、とくに東方世界では、神政政治的・家父長制的性格が強かった。16世紀初めに絶大な権力をふるった絶対君主制政治を頂点として、のちに憲法または立憲主義によって君主の統治権を制限する立憲君主制が登場した。

＊6　**山縣有朋**　［1838～1922］政治家・陸軍大将。松下村塾に学ぶ。明治維新後、欧州諸国の軍制を視察、陸軍創設・徴兵令・軍人勅諭など軍制の整備に努めた。山縣閥を作り、元老として政界を支配。

＊7　**井上毅**　［1843～95］政治家。熊本藩出身。渡欧から帰国後に岩倉具視・伊藤博文らに重用され、大日本帝国憲法制定に参画。法制局長官となり、教育勅語など詔勅・法令を起草。枢密顧問官・文部大臣な

どを歴任。

＊8　岩倉具視［１８２５〜83］公卿・政治家。公武合体を説き、のち王政復古の実現に参画。明治維新後、右大臣。特命全権大使として欧米の文化・制度を視察。帰国後は内治策に努めた。大日本帝国憲法制定に尽力。

＊9　朱子学　中国、南宋の朱子、あるいは朱子に代表される人々の学説。その思想は、万物の構成原質である「気」と、万物の理想的なあり方を示す「理」とを中心とする。日本において朱子学の合理的性格は、実証的精神、合理的思考をはぐくみ、幕末維新の西欧文化受容の下地を準備することになった。

＊10　武烈天皇［生没年不詳］第25代と伝える天皇。『日本書紀』には、女性を裸にして馬と交合させたなどの暴虐な事蹟が多く記されている。応神（15代）・仁徳（16代）天皇の血をひく最後の天皇とされ、次代は別系の継体天皇が位についた。

＊11　継体天皇［生没年不詳］第26代と伝える天皇。応神天皇の5世孫とされる。『日本書紀』によれば、武烈天皇に継嗣がなかったため、越前の三国（現在の福井県坂井市）から迎え入れたとある。出自については、地方の一豪族で、武烈亡きあとの大和王権の混乱に乗じて皇位を簒奪した新王朝の始祖とする見解が有力である。

＊12　大覚寺統　鎌倉後期から南北朝時代にかけて、持明院統と皇位を争った亀山天皇の系統。鎌倉幕府の干渉により一時は交互に皇位に就いたが、南北朝時代、吉野に南朝を立て、１３９２（明徳3）年に北朝と合一。後宇多上皇（亀山天皇の子）が大覚寺に住んだことによる名称。

＊13　持明院統　鎌倉後期から南北朝時代にかけて、大覚寺統と皇位を争った後深草天皇の系統。１３９２（明徳3）年、南北朝が合一。以後皇位を継いだ。後深草上皇が京都の持明院を御所としたことによる名称。

＊14　慈円［１１５５〜１２２５］鎌倉時代初期の天台宗座主。関白・藤原忠通の子。九条兼実の弟。著書に神武天皇から順徳天皇までの歴史を、末法思想と道理の理念とに基づいて述べた『愚管抄』がある。

＊15　北畠親房［1293〜1354］南北朝時代の南朝の公卿・武将。後醍醐天皇の信任厚く、奥州・東国で転戦し南朝の勢力増大をはかったが失敗。この間に、常陸の小田城で、日本建国の由来から後村上天皇の即位までの事績を示し、南朝の正統論を説いた『神皇正統記』を著す。のちに本書を修訂したあと、吉野に帰り没した。

＊16　易姓革命　中国古代の政治思想。天子は天命を受けて国家を統治しているから、天子の徳が衰えれば天命も革《あらた》まり、有徳者（他姓の人）が新たに王朝を創始するとするもの。

＊17　大国主神　日本神話中の主要な神の一人。出雲神話の主人公。『出雲国風土記』では天地創造神とされる。葦原中国《あしはらのなかつくに》の主となり少彦名命《すくなひこなのみこと》と国造りを行うも、天照大神の命により天津神《あまつかみ》に国譲りした。

＊18　国家神道　明治政府が、神社神道と皇室神道を結びつけてつくり出した国家宗教。宗教としての神道を国家本位の立場で利用したもので、神道を国民精神の拠り所とし、国民に天皇崇拝と神社信仰を義務づけた。第2次世界大戦後、占領軍の神道指令で解体。

＊19　ポツダム宣言　1945年（昭和20）年7月26日、ポツダムで米・英・中（のちにソ連も対日宣戦布告後に参加）が発した対日共同宣言。日本に降伏を勧告し、戦後の対日処理方針を表明した。軍国主義の除去・領土の限定・武装解除・戦争犯罪人の処罰・日本の民主化・連合国による占領などを規定。日本政府は拒否したが、原子爆弾の投下、ソ連の参戦を経て8月14日これを受諾。

＊20　神社本庁　伊勢の神宮を本宗《ほんそう》と仰ぎ、全国津々浦々に点在する約8万の神社を包括する宗教法人。「庁」と付くが官公庁ではない。

＊21　尊皇攘夷運動　幕末の反幕府運動。尊皇論と攘夷論という本来別の系譜に属する思想が、19世紀に幕藩体制の動揺と外圧の増大により結合。後期水戸学のように尊皇攘夷を幕藩体制再強化の方法とする政治理論となって広く下級武士や豪農の間にまで浸透した。

＊22　アドルフ・ヒトラー［1889〜1945］ド

イツの政治家。第１次世界大戦後、ドイツ労働者党に入党、党名を国家社会主義ドイツ労働者党（ナチス）と改称して１９２１年に党首。23年、ミュンヘン一揆に失敗して入獄。世界恐慌による社会の混乱に乗じて党勢を拡大し、33年に首相、翌年総統となり全体主義的独裁体制を確立。侵略政策を強行して、39年第２次世界大戦を起こしたが、敗戦直前に自殺。

＊23 **東條英機**［１８８４〜１９４８］政治家・陸軍大将。関東軍参謀長・陸相を経て、１９４１（昭和16）年首相。内相・陸相を兼任し、太平洋戦争開戦の最高責任者となったが、戦況不利となった44年辞職。戦後、極東国際軍事裁判でＡ級戦犯とされ、絞首刑。

■第４章

＊１ **東学** 朝鮮の民間信仰と儒・仏・仙を参酌したもの。21字の呪文を唱え、紙片の霊符を焼いた灰を飲み、剣舞などの修行をすれば、済病長生するとして、生活に苦しむ民衆を救済。欧米の侵攻を撃退して地上天国を実現させるという。南部朝鮮の農民に急速に広まり、社会問題となった。

＊２ **西学** 天主教とも。中国・朝鮮におけるイエズス会を中心とした旧教（ローマ・カトリック）の総称。広くは西洋の文化全般を総称した語。

＊３ **崔済愚**［１８２４〜64］東学創始者。没落両班の出身。個人的境遇と、当時の社会的状況に絶望して求道行脚し東学を創始。大院君政権による弾圧を受け死刑。東学は非合法化されるも現在は天道教となった。

＊４ **南下政策** ロシア帝国による18〜20世紀初頭の黒海方面、バルカン半島および中央アジア、東アジアで勢力を南下させ拡大する動き。特に帝国主義時代には世界戦争の一因となった。

＊５ **アヘン戦争** １８４０〜42年、アヘン密貿易禁止をめぐる英国と清の戦争。敗れた清は南京条約を締結。半植民地化の端緒となる。これに衝撃をうけた江戸幕府は、異国船打払令を天保の薪水《しんすい》給与令に改めた。

＊６ **第１次世界大戦** １９１４年７月から１９１８年11月まで４年３カ月続いた人類最初の世界戦争。多くの近代兵器が使用され、一般国民も巻きこんだ最初

の総力戦であった。帝国主義国家が独・伊・オーストリアを中心とした同盟国と英・仏・露を中心とした協商国の2陣営に分かれ、欧州を主戦場として戦い、オスマン帝国が同盟国、日本が協商国側に加わって世界的規模となった。米国の参戦によって協商側の勝利。

＊7　ヴェルサイユ体制　第１次世界大戦後のヴェルサイユ条約を中心に成立した国際秩序。英・仏の主導下に敗戦国の犠牲の上に立った安全保障体制であり、ソ連敵視の傾向が強かった。独の不満は根強く、米が国際連盟に不参加であったことが、不安定要因となった。世界恐慌の激化は、この体制の矛盾を表面化させ、独・伊・日本などのファシズム国家の出現と、その侵略的外交の開始によって崩壊した。

＊8　天津条約　１８５０年代末から80年代にかけて、清が結んだ条約で天津にて調印されたものの総称。甲申政変後の翌年、１８８５（明治18）年の天津条約では、朝鮮からの両軍の撤退すること、双方とも朝鮮に軍事教官を派遣しないこと、将来、朝鮮に出兵する場合は、お互いに事前通告を行うことなどが締結された。天津条約によって日清両国間の衝突は回避されたが、９年後に甲午農民戦争が勃発すると、朝鮮政府が清軍に出兵を要請、日本もこの天津条約に基づいて出兵し、両軍の衝突からついに日清戦争となった。

＊9　甲申事変　１８８４年（甲申《きのえさる》の年）、朝鮮のソウルで、日本の援助を得て親日派の金玉均・朴泳孝ら親日派の独立党が事大党（親清派）から政権を奪取しようと起こしたクーデター。清国軍の介入で失敗した。

＊10　崔時亨［１８２９〜98］東学の第2代教主。教祖・崔済愚が刑死のあと教主となる。甲午農民戦争では、当初は非戦論的な立場だったが、日本軍の干渉後は、戦争への参加を信徒に指示。のちに逮捕、処刑。

＊11　天道教青友党　北朝鮮の政党。朝鮮労働党の協力政党。天道教の外郭政党として、第2次世界大戦前の反植民地闘争の過程で誕生し、戦後の１９４６年に北朝鮮天道教青友党として成立した。

＊12　三・一独立運動　日本統治下の朝鮮で、１９１９（大正8）年3月1日に始まった朝鮮民族の独立運動。京城（現在のソウル）で独立宣言を発表、民衆は「独

立万歳」を叫んで大示威運動を起こし、全国に波及したが、日本は軍隊や警察を出動させて鎮圧。

＊13　**金日成**［1912〜94］北朝鮮の国家主席。抗日独立運動に加わり、1932（昭和7）年頃からゲリラ戦を指導。第2次世界大戦後、北朝鮮臨時人民委員会委員長を経て、48年の建国とともに首相に就任。72年国家主席となる。

＊14　**日英通商航海条約**　1894（明治27）年、1858（安政5）年の日英修好通商条約（領事裁判権、協定関税率を定めた不平等条約）を改正、領事裁判権を廃止した。これにより米や欧州諸国とも同様の条約改正がなり、日本の国際的地位が向上。また対清開戦の国際的準備ができ、日清戦争開戦に至る。

＊15　**真珠湾攻撃**　1941（昭和16）年12月8日、太平洋戦争の発端となった日本軍によるアメリカ太平洋艦隊の基地ハワイ真珠湾に対する奇襲攻撃。日本は戦艦8隻を撃沈し、空軍に打撃を与える戦果をあげた。奇襲を怒ったアメリカ国民は「真珠湾を忘れるな」の合言葉で固く結束し、太平洋戦争の戦意を固めた。

＊16　**陸奥宗光**［1844〜97］政治家・外交官。海援隊に加わり、尊皇攘夷運動に参加。明治新政府の租税頭として地租改正の実施にあたり、初期議会では政党工作に腕をふるう。第2次伊藤博文内閣の外相として、日英通商航海条約を締結。日清戦争前後の外交にあたり、下関講和会議に全権として出席した。

＊17　**『蹇蹇録』**　陸奥宗光の日清戦争外交秘録。甲午農民戦争から、日清戦争、下関講和条約批准、三国干渉、遼東半島還付に至るまでの経緯を、外務大臣の職にあった著者の立場から述べたもの。

＊18　**平壌の戦い**　1894（明治27）年9月に行われた日清戦争における初の本格的な陸戦。平壌に1万2000人の兵力を集結させた清国軍に対して、日本軍は1万7000人で対峙した。当初は苦戦したものの、清国軍の避戦主義・勢力温存政策による退却によって、日本軍はほぼ無血で平壌を占領した。

＊19　**黄海の海戦**　1894（明治27）年9月、日清戦争における日本連合艦隊（14隻、約4万トン）と清国北洋艦隊（18隻、約3万5000トン）との海戦。日

本の無傷に比し清国は主力艦5隻を失い、制海権は日本に帰した。

＊20　李鴻章［1823〜1901］清末の政治家。曾国藩のもとで淮軍《わいぐん》を組織して太平天国の乱を鎮圧。以後、両江総督・直隷総督・北洋大臣・内閣大学士を歴任、日清戦争（下関条約）・義和団事件など重要な外交案件にかかわったほか、洋務運動の中心人物として清国の近代化に尽力した。

＊21　女真族　中国東北部に居住。12世紀には満州、華北に金王朝を建国。17世紀に清を建国した。

＊22　鳥羽・伏見の戦い　戊辰戦争の発端となった内乱。1868（慶応4）年1月、大坂在城の幕兵と会津・桑名の藩兵が、徳川慶喜を擁して鳥羽・伏見で薩長軍と戦ったが、幕府軍が敗退。慶喜は江戸に帰った。

＊23　戊辰戦争　1868（慶応4）年（戊辰《つちのえたつ》の年）1月から翌年5月に行われた維新政府軍と旧幕府派との内戦。鳥羽・伏見の戦い、上野の彰義隊の戦い、会津戦争、箱館戦争などの総称。

■第5章

＊1　石原莞爾［1889〜1949］陸軍中将。関東軍参謀として、満州事変、満州国建設を推進。のちに東條英機と対立、予備役となる。東亜連盟の指導者。

＊2　安岡正篤［1898〜1983］陽明学者、日本主義思想家。日本精神による政教の維新を唱えて1932（昭和7）年、国維会を結成。新官僚の本山と目され、歴代首相、政財官界首脳に信奉された。

＊3　第2インターナショナル　1889年パリで開かれた社会主義者・労働者の国際大会で創立。マルクス主義を支配的潮流とするドイツ社会民主党が中心で、欧米・アジア諸国における社会主義政党の連合機関。第1次世界大戦開始に伴い、戦争支持派、平和派、革命派などに分裂して実質的に崩壊。

＊4　片山潜［1859〜1933］労働運動指導者。米留学から帰国後、労働組合結成を指導。社会主義運動の先駆者。日露戦争で反戦を主張。のちにソ連でコミンテルン中央執行委員となり、モスクワで死去。

＊5　**ゲオルギー・プレハーノフ**［1856〜1918］ロシアの革命思想家。マルクス主義の先駆者として、その普及活動に努め、「労働解放団」を創設。ロシア社会民主労働党の結成に参加したがレーニンらと対立、同党の分裂後はメンシェビキに加わり、十月革命に反対した。

＊6　**満州事変**　1931（昭和6）9月18日、奉天（現在の瀋陽）郊外での柳条湖事件を契機に始まった、日本の中国東北部への侵略戦争。翌年満州国独立を宣言、さらに熱河省を占領、国民政府と塘沽《タンクー》停戦協定を締結して満州領有を既成事実化した。

＊7　**国際連盟**　第1次世界大戦後、国際間の協力によって国際平和を維持するため、米国大統領ウィルソンの提唱によって1920（大正9）年に設立された国際機関。米は当初から不参加、日本・独・伊の脱退、ソ連も除名されるなどして有名無実となり、46年解散。

＊8　**リットン調査団**　1932（昭和7）年、満州事変調査のため、国際連盟より派遣されたリットンを団長とする紛争調査隊。満州国を日本の傀儡国家として否定する報告書を作成した。

■第6章

＊1　**露清密約**　1896年6月3日、露と清が結んだ防敵相互援助条約。露清両国および韓国の領土が日本に攻撃されたとき両国軍の相互支援と単独不講和を約し、清は露に東清鉄道の敷設権とそれによる軍隊輸送権を与えた。日本は日露開戦後までこの密約の存在を知らず、日露協商策を進めたが、この密約の存在により失敗。日英同盟を選んだ。

＊2　**門戸開放宣言**　米国が1899年に表明。機会均等も含めた米国の対中国政策の基本原則。中国への帝国主義的進出に遅れた米国が、清国において通商権・関税・鉄道料金・入港税などを平等とし、各国に同等に開放されるべきと主張。門戸開放と機会均等の2原則に加え、翌年、領土保全の原則を宣言。

＊3　**グレートゲーム**　アフガニスタンを巡る英露の駆け引き。ロシアによるイラン及び中央アジア方面への侵出がインドでの権益への脅威であると捉えたイギ

リスとの間で厳しい対立を生んだ。特に緩衝地帯であるアフガニスタンを巡って両国関係は悪化。イギリスは先手を打ってアフガニスタンに侵攻し、1838年に第1次アフガン戦争が起こり、さらに78年には第2次アフガニスタン戦争が起こった。

＊4　最恵国待遇　通商航海条約を結んだ国が相手国に対し、従来最もよい待遇を与えている第三国と同等な通商、航海、入国、居住、営業などの待遇を与えること。

＊5　北清事変　日清戦争後、義和団が生活に苦しむ農民を集めて起こした排外運動。義和団事件ともいう。各地で外国人やキリスト教会を襲い、1900（明治33）年、北京の列国大公使館区域を包囲攻撃したため、日本を含む8カ国の連合軍が出動してこれを鎮圧。講和を定めた北京議定書によって中国の植民地化がさらに強まった。

＊6　西太后［1835〜1908］清の咸豊《かんぽう》帝の妃で、同治帝の生母。同治帝・光緒帝の摂政となって政治を独占。明治維新を範とする立憲君主制国家建設の要を説いた変法自強運動を弾圧。北清事変を利用して列強に宣戦するなど守旧派の中心となった。

＊7　柳田國男［1875〜1962］民俗学者。貴族院書記官長を退官後、朝日新聞に入社。国内を旅して民俗・伝承を調査、日本の民俗学の確立に尽力した。著作『遠野物語』『石神問答』『民間伝承論』など。

＊8　安重根［1879〜1910］朝鮮の独立運動家。日本の朝鮮侵略の動きに対し、1907年頃から義兵運動を展開。09年、ハルビン駅頭で初代韓国統監・伊藤博文を暗殺、翌年処刑された。

＊9　朴烈［1902〜74］朝鮮の民族主義者、アナーキスト。1919（大正8）年来日。黒濤会を結成して無政府主義を唱える。関東大震災時「朝鮮人暴動」の流言のなか大逆罪で死刑判決。のち無期懲役、45年釈放。朝鮮戦争中に北朝鮮に連行された。

日本

1876・2	江華条約（日朝修好条規）
1877・2	西南戦争（〜同年9）
1882・1	列国公使と不平等条約改正への予備会議を開く
	軍人勅諭下賜
8	済物浦条約
10	中央銀行として日本銀行が設立
12	福島事件
1883・5	国立銀行の紙幣発行権の停止
11	鹿鳴館完成
1884・10	秩父事件（〜同年11）
12	甲申事変より、朝鮮出兵
1885・1	漢城条約
3	福澤諭吉、「脱亜論」を寄稿
4	天津条約
5	日本銀行で兌換銀行券の発行
11	大阪事件
1886・5	不平等条約改正会議
1887・6	長崎造船所を三菱社に払い下げる
7	川崎造船所を川崎正蔵に払い下げる

世界

1875・9	江華島事件
1877・4	露土戦争（〜78・3）
1882・7	壬午事変（壬午軍乱）
1884・12	甲申事変、日清両国が朝鮮出兵

12　保安条例を公布・施行
1889・2　大日本帝国憲法発布
1890・7　第1回総選挙
10　教育勅語発布
1891・12　防穀令の損害賠償を朝鮮政府に要求
1894・6・2　日本、朝鮮派兵決定
6・7　日本、清に朝鮮出兵を通告
6・16　清に東学反乱の共同討伐・朝鮮内政の共同改革を提議
6・23　日本は内政改革実現まで撤兵せずと清国に通告
7・10　内政改革案を朝鮮政府に提出

1888・5　朝鮮、軍政改革
1889・10　朝鮮、防穀令を発令
1890・12　朝鮮、防穀令の1年延期を通告
朝鮮各地で民乱が起こる
1891・11　露、南下政策によりシベリア鉄道建設に着手
清、仇教事件が反列強、反帝国主義の運動に転化
1893・10　朝鮮各地で民乱続発
1894・3・28　金玉均、上海で暗殺
4・26　甲午農民戦争（東学の乱）
6・3　朝鮮、清に派兵要請
6・4　清軍、牙山に出動
6・7　清、日本に朝鮮出兵を通告
6・11　朝鮮の農民、政府と和解
6・22　清、日本の提議を拒絶

日本

7・16	日英通商航海条約調印(領事裁判権廃止)
7・20	清・朝鮮間の宗属関係破棄など要求の最後通牒を朝鮮政府に提出
7・23	日本軍、朝鮮王宮を占領
7・25	日本艦隊、豊島沖で清国艦を攻撃　日清戦争開始
7・29	日本軍、成歓を占領
7・30	日本軍、牙山を占領
8・1	日本、清に宣戦布告
9・15	平壌総攻撃開始
9・17	連合艦隊、清国北洋艦隊を撃破（黄海の海戦）
11・22	遼東半島に進み、旅順占領
1895・2・2	山東半島の威海衛を占領
4・17	下関条約
4・23	三国干渉
5・4	閣議、遼東半島の放棄を決定
6・7	台湾占領
10・8	朝鮮駐在公使、閔妃暗殺
1896・6・9	山縣・ロバノフ協定調印（日露で朝鮮への財政援助）

世界

8・26	日韓攻守同盟締結
10・1	全琫準、農民軍に再起指令
1895・3・17	朝鮮で最初の国家予算編成
1895・7	清、対日賠償金の支払いのため、露仏より4億フランを借款
1896・5	清、対日賠償金の支払いのため、英独より1600万ポンドの借款
6・3	露・清間に対日共同防衛の密約成立。露は東清鉄道の敷設権と、それによる軍隊輸送

権を獲得
10 東清鉄道の密約改定。東三省鉄道とシベリア鉄道の接続を決める
12 独、膠州湾の50年間租借を要求、のち占領

本書は語り下ろしです。
対談は２０２２年７月から同年８月に行われました。

安部龍太郎　あべ・りゅうたろう　（作家）

1955年福岡県八女市（旧・黒木町）生まれ。久留米工業高等専門学校機械工学科卒業。東京都大田区役所勤務、図書館司書として働きながら小説を執筆。90年に『血の日本史』で作家デビュー。2005年に『天馬、翔ける』で中山義秀文学賞を受賞。13年に『等伯』で直木賞受賞。著書に『彷徨える帝』『関ヶ原連判状』『信長燃ゆ』『恋七夜』『道誉と正成』『下天を謀る』『蒼き信長』『冬を待つ城』『維新の肖像』『姫神』『おんなの城』『蝦夷太平記 十三の海鳴り』『シルクロード 仏の道をゆく』など多数。現在、日経新聞朝刊で「ふりさけ見れば」を連載中。20年、京都府文化賞功労賞を受賞。

佐藤 優　さとう・まさる（作家・元外務省主任分析官）

1960年東京都生まれ。同志社大学大学院神学研究科修了後、専門職員として外務省に入省。在イギリス大使館勤務、在ロシア大使館勤務を経て、外務省国際情報局で主任分析官として活躍。2002年、背任と偽計業務妨害容疑で逮捕・起訴され、09年6月に執行猶予付き有罪確定（13年6月に執行猶予期間が満了し、刑の言い渡しが効力を失った）。著書に『国家の罠』（毎日出版文化賞特別賞）、『自壊する帝国』（新潮ドキュメント賞、大宅壮一ノンフィクション賞）、『十五の夏』（梅棹忠夫・山と探検文学賞）、『池田大作研究　世界宗教への道を追う』『プーチンの野望』など多数。20年12月、菊池寛賞（日本文学振興会主催）を受賞。同志社大学神学部客員教授も務める。

潮新書 048

対決！ 日本史3
維新から日清戦争篇

2022年 12月20日 初版発行

著者｜安部龍太郎
佐藤 優
発行者｜南 晋三
発行所｜株式会社潮出版社
〒102-8110
東京都千代田区一番町6 一番町SQUARE
電話 ■03-3230-0781（編集）
■03-3230-0741（営業）
振替口座 ■00150-5-61090

印刷・製本｜中央精版印刷株式会社
ブックデザイン｜Malpu Design

ISBN978-4-267-02373-6 C1221